Symbiotische Horizonte

DRITTE AUSGABE

SYMBIOTISCHE HORIZONTE

Die Erforschung der Verbindung zwischen KI und Mensch

CAN BARTU H.

2024

Symbiotische Horizonte

Can Bartu H.

Vorwort

Willkommen zu einer aufschlussreichen Reise in die sich entwickelnde Landschaft der künstlichen Intelligenz und ihre tiefgreifenden Auswirkungen auf unsere Welt. Dieses Buch lädt Sie ein, die komplexe Beziehung zwischen technologischem Fortschritt und menschlicher Erfahrung zu erkunden.

In einer Zeit, in der Innovationen unseren Alltag rasant verändern, steht KI an vorderster Front, stellt unsere Wahrnehmung in Frage und eröffnet grenzenlose Möglichkeiten. Dieser Band befasst sich eingehend mit dem komplexen Zusammenspiel zwischen KI und Mensch und untersucht die damit verbundenen Versprechen, Herausforderungen und entscheidenden ethischen Überlegungen, die ihre Entwicklung bestimmen müssen.

Beim Stöbern auf diesen Seiten werden Sie das bemerkenswerte Potenzial von KI entdecken, Bereiche wie Gesundheitswesen, Bildung, Wirtschaft und kreative Bereiche zu revolutionieren. Die Fähigkeit von KI, menschliche Fähigkeiten zu erweitern und neue Wissensgrenzen zu erschließen, wird zweifellos Ehrfurcht vor den Möglichkeiten wecken, die vor uns liegen.

Diese Untersuchung ist jedoch nicht nur optimistisch. Sie berücksichtigt auch die große Verantwortung, die mit dem rasanten Wachstum der KI einhergeht. Es werden kritische Fragen zur ethischen KI-Entwicklung, zur Mensch-KI-Zusammenarbeit und zur

Notwendigkeit einer menschenzentrierten Perspektive in einer KI-gesteuerten Welt aufgeworfen. Durch die Untersuchung der komplexen Herausforderungen und Risiken versuchen die Autoren, den Weg für eine harmonische Koexistenz mit KI zu ebnen.

Jedes Kapitel wurde sorgfältig ausgearbeitet, um ein umfassendes Verständnis der vielfältigen Natur von KI zu vermitteln. Beim Lesen werden Sie in die dynamische Interaktion zwischen Technologie und Menschlichkeit vertieft und erfahren, wie KI uns stärken und gleichzeitig unsere Werte und unser gesellschaftliches Wohlergehen bewahren kann. Wir ermutigen Sie, sich auf dieses intellektuelle Abenteuer einzulassen, Ihre Perspektiven zu hinterfragen und über die Zukunft nachzudenken, die wir gemeinsam gestalten.

Möge diese Erkundung Ihre Neugier wecken, Ihre Fantasie anregen und Ihnen die Kraft geben, die Zukunft mit Wissen und Mitgefühl zu meistern. Viel Spaß beim Lesen!

INHALT

KAPITEL 1

Einführung

1.1 Die Verbindung zwischen künstlicher Intelligenz und Menschlichkeit

Die Verbindung zwischen Künstlicher Intelligenz (KI) und Menschheit ist ein Thema von außerordentlicher Bedeutung und Komplexität. Da die KI-Generation rasant voranschreitet, wirft ihre Integration in zahlreiche Bereiche unseres Lebens tiefgreifende Fragen über unser zukünftiges Zusammenspiel und unsere Koexistenz mit diesem transformativen Druck auf.

Die Reise der KI geht auf die frühen Bemühungen von Informatikern zurück, die menschliche Intelligenz in Maschinen nachahmen wollten. Im Laufe der Jahre hat sich die KI weiterentwickelt und ausgereift und Meilensteine in Bereichen wie maschinellem Lernen, natürlicher Sprachverarbeitung, Computervision und Robotik erreicht. Diese Fortschritte haben zur breiten Verbreitung von KI in allen Branchen beigetragen und sie zu einem untrennbaren Bestandteil des modernen Lebens gemacht.

Einer der wesentlichen Aspekte der Verbindung zwischen KI und Menschlichkeit liegt in der Erweiterung menschlicher Fähigkeiten. KI-Technologien, insbesondere Algorithmen für maschinelles Lernen und neuronale Netzwerke, haben ihre Fähigkeit unter Beweis gestellt, riesige Datenmengen zu verarbeiten und komplexe Aufgaben mit beispielloser Geschwindigkeit und Genauigkeit auszuführen.

Diese Erweiterung menschlicher Fähigkeiten birgt enormes Potenzial, verschiedene Sektoren zu revolutionieren, vom Gesundheitswesen und Finanzwesen bis hin zu Produktion und Transport.

KI ist in unserem Alltag immer stärker integriert und allgegenwärtig. Virtuelle Assistenten, Chatbots und intelligente Geräte sind allgegenwärtig, vereinfachen zahlreiche Aufgaben und bieten maßgeschneiderte Studien. KI-gestützte Beratungssysteme haben die Art und Weise, wie wir Inhalte konsumieren und Kaufentscheidungen treffen, verändert. Darüber hinaus hat die Funktion von KI in Branchen wie dem Gesundheitswesen zu einer verbesserten Diagnosegenauigkeit und effektiveren Behandlungsplänen geführt.

Diese Integration von KI in die Gesellschaft wirft jedoch auch ethische Fragen auf. Der Einsatz von KI-Algorithmen in Präferenzstrategien sowie bei der Einstellung, Kreditvergabe und Strafjustiz hat Bedenken hinsichtlich Voreingenommenheit und Fairness geweckt. Darüber hinaus ist die Schwierigkeit des Datenschutzes ein enormes Problem, da KI-Systeme für Training und Optimierung auf umfangreiche Statistiken angewiesen sind.

Darüber hinaus ist die Angst vor einer Systemverdrängung durch KI-Automatisierung zu einem weit verbreiteten Problem geworden. KI kann zwar Arbeitsabläufe optimieren und die Produktivität steigern, hat aber auch Ängste über die Zukunft der Arbeit und die Notwendigkeit der Umschulung und Weiterbildung der Mitarbeiter geschürt.

Auch der Einfluss von KI auf Kreativität und Geisteswissenschaften war Gegenstand intensiver Forschung. Von KI generierte Kunstwerke, Musik und Literatur haben Debatten über das Wesen menschlicher Kreativität und den Einsatz von KI im kreativen Ausdruck ausgelöst. KI kann zwar großartige Werke hervorbringen, doch ob sie über echte Kreativität und Emotionen verfügt, bleibt offen für Interpretationen.

Die Auseinandersetzung mit den ethischen Implikationen von KI und die Gewährleistung einer verantwortungsvollen KI-Entwicklung sind wesentliche Schritte zur Förderung eines harmonischen Verhältnisses zwischen künstlicher Intelligenz und Menschlichkeit. Interessengruppen wie Regierungen, Behörden, Forscher und die breite Öffentlichkeit wollen gemeinsam an der Schaffung robuster KI-Governance-Rahmenwerke arbeiten, die Transparenz, Gerechtigkeit und Verantwortung fördern.

Die Verbindung zwischen künstlicher Intelligenz und Menschlichkeit ist komplex und vielschichtig. Das transformative Potenzial der KI bietet zahlreiche Möglichkeiten für gesellschaftliche Verbesserungen, wirtschaftliches Wachstum und klinische Forschung. Um diese neue Ära erfolgreich zu meistern, ist es jedoch entscheidend, moralische Traumata zu bewältigen und KI-Strukturen zu entwickeln, die mit menschlichen Werten und Bestrebungen im Einklang stehen. Auf diese Weise können wir eine Zukunft fördern, in der KI und Menschlichkeit symbiotisch koexistieren und bedeutende Fortschritte zum Wohle unserer weltweiten Gemeinschaft erzielen.

1.2 Zweck und Aufbau des Buches

Ziel dieses Buches ist es, die problematische Beziehung zwischen Künstlicher Intelligenz (KI) und Menschheit zu untersuchen und sich auf die Möglichkeiten, traumatischen Situationen und Auswirkungen auf die Fähigkeit zu konzentrieren, die sich aus ihrer Interaktion ergeben. Da KI weiterhin viele Bereiche unseres Lebens revolutioniert, werden ihre Auswirkungen auf Mensch und Gesellschaft von größter Bedeutung.

Das E-Book bietet eine umfassende und ausgewogene Analyse der vielfältigen Verbindung zwischen KI und Mensch. Indem wir uns eingehend mit verschiedenen Aspekten dieser Beziehung befassen, möchten wir den Lesern einen differenzierten Blickwinkel bieten, der über die oberflächlichen Diskussionen über KI hinausgeht.

Im einführenden Abschnitt legen wir den Grundstein für die Erkundung, indem wir einen umfassenden Überblick über den Aufstieg der KI von ihren Anfängen bis zum heutigen Stand der Branche geben. Dieser historische Kontext ermöglicht es den Lesern, das transformative Abenteuer der KI und ihre Auswirkungen auf die Zukunft näher zu betrachten.

Kapitel 1 befasst sich mit der Verbesserung menschlicher Fähigkeiten durch KI. Wir vertiefen uns in die Techniken, mit denen KI-Technologie die Entscheidungsfindung, Problemlösung und Kreativität des Menschen verbessert. Das Verständnis, wie KI Menschen und Unternehmen stärkt, ist entscheidend, um den Nutzen für die Gesellschaft zu erkennen.

Kapitel 2 untersucht die Integration von KI in unseren Alltag. Wir betrachten reale KI-Anwendungen, darunter virtuelle Assistenten, Beratungssysteme und autonome Fahrzeuge, um zu zeigen, wie KI verschiedene Branchen und Sektoren beeinflusst. Anhand dieser Beispiele erhalten die Leser Einblicke in die praktischen Auswirkungen von KI auf globaler Ebene.

Ethische Bedenken stehen im Mittelpunkt von Kapitel 3. Wir befassen uns mit Problemen im Zusammenhang mit Voreingenommenheit in KI-Algorithmen, Datenschutz und Transparenz. Die Analyse der ethischen Belastungen im Zusammenhang mit KI ist wichtig, um eine verantwortungsvolle KI-Entwicklung zu fördern und sicherzustellen, dass KI mit menschlichen Werten und gesellschaftlichen Normen übereinstimmt.

Kapitel 4 befasst sich mit der Bedeutung der Arbeitsplatzverlagerung durch KI-Automatisierung. Wir diskutieren die Auswirkungen von KI auf die Belegschaft, den Bedarf an Umschulung und die Bedeutung der Vorbereitung auf die zukünftige Technologielandschaft. Die Bewältigung der Veränderungen durch den Einsatz von KI im Arbeitsmarkt erfordert einen proaktiven Ansatz zur Unterstützung der Belegschaft.

Der Einfluss von KI auf Kreativität und Kunst steht im Mittelpunkt von Kapitel 5. Durch die Untersuchung von KI-generierter Kunst, Musik und Literatur entdecken wir die Grenzen der modernen Fähigkeiten von KI und ihre Annäherung an die menschliche Kreativität. Das Verständnis dieses Zusammenspiels bereichert den Diskurs über die Rolle von KI bei der Gestaltung kulturellen Ausdrucks.

In Kapitel 6 diskutieren wir die Suche nach ethischer KI und die Rolle verschiedener Interessengruppen bei der Förderung von Fairness, Transparenz und Verantwortung in KI-Systemen. Die Entwicklung ethischer KI ist eine kollektive Verpflichtung, die die Zusammenarbeit zwischen Regierungen, Organisationen und Forschern erfordert.

Im Fazit fassen wir die wichtigsten Erkenntnisse und Einsichten aus dem Buch zusammen. Wir betonen die Bedeutung der Auswirkungen von KI auf die Menschheit und unterstreichen die Bedeutung ethischer Fragen bei der Gestaltung des Schicksals von KI.

Ziel und Form dieses E-Books sind es, den Lesern ein umfassendes Verständnis der Beziehung zwischen KI und

Menschlichkeit zu vermitteln. Durch die Untersuchung des Potenzials, der Herausforderungen und der ethischen Implikationen von KI möchten wir fundierte Diskussionen und Entscheidungsfindungen fördern, die den Weg für ein harmonisches Zusammenleben von KI und Menschlichkeit ebnen und sicherstellen, dass KI als Motor für erstklassige Entwicklung und menschlichen Fortschritt dient.

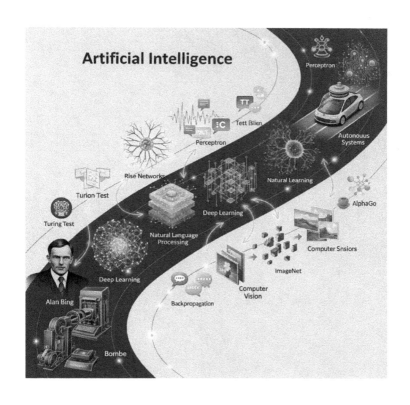

KAPITEL 2

Die Geschichte und Entwicklung der künstlichen Intelligenz

2.1 Ursprünge und frühe Schritte der künstlichen Intelligenz

2.1.1 Alan Turing und der Turing-Test

Alan Turing, ein wegweisender Mathematiker, Faktenforscher und Informatiker, spielte eine Schlüsselrolle bei der Entwicklung moderner Computertechnik und künstlicher Intelligenz. Turing wurde 1912 geboren und seine Beiträge zur Mathematik und Computertechnologie werden bis heute gefeiert. Zu seinen vielen bahnbrechenden Ideen zählt die Idee des Turing-Tests, ein Meilenstein in der KI-Forschung.

Der Turing-Test, den Alan Turing 1950 in seinem Aufsatz „Computing Machinery and Intelligence" vorschlug, sollte die Frage beantworten, ob Maschinen menschenähnliche Intelligenz aufweisen müssen. Turing erwartete einen Test, bei dem ein menschlicher Prüfer in natürlicher Sprache mit einem Menschen und einem Gerät kommuniziert, ohne zu wissen, welche. Kann der Prüfer Mensch und Gerät anhand ihrer Antworten nicht zuverlässig unterscheiden, gilt das Gerät als bestanden und als künstliche Intelligenz.

Der Turing-Test legte den Grundstein für die Beobachtung maschineller Intelligenz und die Suche nach der Entwicklung von Denkmaschinen. Turings Interesse an Kommunikation und Sprache als bestimmendes Element von

Intelligenz war damals innovativ und hat bis heute Einfluss auf die KI-Branche.

Obwohl der Turing-Test zu einem bahnbrechenden Konzept wurde, löste er darüber hinaus Debatten und Kritik aus. Manche argumentieren, das Bestehen des Turing-Tests sei lediglich ein Maß für oberflächliches, menschenähnliches Verhalten und nicht unbedingt ein Indikator für echte Intelligenz oder Interesse. Andere bezweifeln, dass der Test alle Aspekte menschlicher Intelligenz erfassen kann, darunter Gefühle, Kreativität und Selbstbewusstsein – Eigenschaften, die Maschinen möglicherweise nicht besitzen.

Turings Beiträge zur Entwicklung der KI gingen jedoch über den Turing-Test hinaus. Während des Zweiten Weltkriegs spielte Turing eine wichtige Rolle bei der Entschlüsselung des deutschen Enigma-Codes und trug maßgeblich zum Sieg der Alliierten bei. Seine Arbeiten über die theoretischen Grundlagen der Berechnung, bekannt als Turing-Maschine, legten den Grundstein für moderne Computer und die Berechnungstheorie.

Tragischerweise endete Turings Leben im Alter von 41 Jahren. 1952 wurde er wegen seiner Homosexualität strafrechtlich verfolgt, was in Großbritannien zu einer Straftat wurde. Turing musste sich daraufhin einer chemischen Kastration unterziehen, um eine Gefängnisstrafe zu vermeiden. Er starb Jahre später, im Jahr 1954.

Aufgrund seiner bahnbrechenden Beiträge gilt Turing als einer der Väter der modernen Informatik und künstlichen Intelligenz. Sein Vermächtnis inspiriert Forscher und Praktiker weiterhin in ihrem Streben nach Statistik und der Entwicklung von KI. Der Turing-Test stellt zwar keinen endgültigen Maßstab für KI dar, bleibt aber ein wichtiger historischer Meilenstein und ein konzeptionell beängstigendes Konzept in der fortwährenden Erforschung maschineller Intelligenz und ihrer Verbindung zur menschlichen Intelligenz. Turings Einfluss auf die Bereiche KI und Informatik ist unermesslich, und seine Arbeit prägt bis heute die Entwicklung von Technologie und menschlichem Wissen.

2.1.2 Grundlegende Konzepte der Künstlichen Intelligenz

Künstliche Intelligenz (KI) ist ein multidisziplinäres Forschungsgebiet, das sich mit der Entwicklung intelligenter Maschinen beschäftigt, die Aufgaben erfüllen können, die normalerweise menschliche Intelligenz erfordern. Die Entwicklung der KI basiert hauptsächlich auf zahlreichen kritischen Konzepten, die ihre Funktionsweise und ihre Anwendungen untermauern.

Daten zu analysieren und ihre Leistung im Laufe der Zeit zu verbessern, ohne explizit programmiert zu werden. Durch den Einsatz verschiedener Algorithmen und statistischer Methoden können Maschinen Muster erkennen, Vorhersagen treffen und ihr Verhalten basierend auf den erhaltenen Daten anpassen. Überwachtes, unüberwachtes und bestärkendes Lernen sind gängige Methoden des maschinellen Lernens, die zum Trainieren von KI-Modellen eingesetzt werden.

Inspiriert von der Form und Funktionsweise des menschlichen Gehirns sind neuronale Netzwerke ein wichtiges Konzept in der KI. Sie bestehen aus miteinander verbundenen Schichten künstlicher Neuronen, die Statistiken verarbeiten und Daten analysieren. Neuronale Netzwerke stehen im Mittelpunkt des Deep Learning, einer Teilmenge des maschinellen Lesens, die sich bei Aufgaben wie der Bilderkennung, der natürlichen Sprachverarbeitung und beim Spielen von Videospielen als äußerst erfolgreich erwiesen hat.

NLP ist darauf spezialisiert, Maschinen das Verstehen, Interpretieren und Generieren menschlicher Sprache zu ermöglichen. Es umfasst Aufgaben wie Spracherkennung, Sprachübersetzung, Stimmungsanalyse und Chatbots. NLP-Techniken ermöglichen Maschinen eine natürlichere und intuitivere Interaktion mit Menschen und ermöglichen die Aktivierung einer Vielzahl von Anwendungen in der Kommunikation und Informationsverarbeitung.

Computer Vision ist der Bereich der KI, der Maschinen befähigt, visuelle Informationen aus der Arena zu interpretieren und zu verstehen. Durch den Einsatz von Foto- und Videoverarbeitungsstrategien können KI-Strukturen Geräte, Gesichter und Szenen betrachten und erkennen und so

Programme ermöglichen, die Gesichtspopularität, neutrale Fahrzeuge und klinische Bildgebung umfassen.

Wissensbeispiele beinhalten die Kodierung von Daten und Informationen in einem Layout, das KI-Systeme erfassen und manipulieren können. Dadurch können KI-Modelle Entscheidungen basierend auf dem verfügbaren Know-how treffen. Verschiedene Informationsbeispieltechniken, darunter semantische Netzwerke, Ontologien und Informationsgraphen, werden verwendet, um Daten effektiv zu organisieren und zu verarbeiten.

KI-Systeme nutzen Algorithmen und Heuristiken, um in komplexen Umgebungen zu planen und Entscheidungen zu treffen. Durch den Vergleich möglicher Aktionen und ihrer Konsequenzen können KI-Modelle den effektivsten Bewegungspfad zum Erreichen eines bestimmten Ziels bestimmen. Planungs- und Wunschkompetenzen sind in zahlreichen KI-Programmen, darunter Robotik, autonome Systeme und Strategiespiele, von entscheidender Bedeutung.

Robotik ist ein interdisziplinäres Fachgebiet, das KI, Ingenieurwesen und Mechanik kombiniert, um intelligente Maschinen, sogenannte Roboter, zu entwerfen und zu bauen. KI-gesteuerte Roboter können mit der physischen Welt interagieren, ihre Umgebung verstehen und autonom Aufgaben ausführen. Sie finden Anwendung in Branchen wie Produktion, Gesundheitswesen, Exploration sowie Such- und Rettungseinsätzen.

Diese Grundprinzipien bilden das Rückgrat der künstlichen Intelligenz und ermöglichen es Maschinen, menschenähnliche Intelligenz und Verhaltensweisen zu simulieren. Die kontinuierlichen Fortschritte in der KI-Forschung und -Technologie erweitern die Möglichkeiten von KI-Systemen und eröffnen in vielen Bereichen neue Möglichkeiten und Herausforderungen. Während sich die KI weiterentwickelt, bleiben diese Grundprinzipien für die Zukunft intelligenter Maschinen und ihre Integration in unseren Alltag von entscheidender Bedeutung.

2.2 Entwicklung und Meilensteine der Künstlichen Intelligenz

2.2.1 Frühe Programme und Anwendungen der künstlichen Intelligenz

Die Ursprünge der künstlichen Intelligenz lassen sich auf die Pionierarbeit von Informatikern und Forschern zurückführen, die Maschinen entwickeln wollten, die die menschliche Intelligenz nachahmen.

Logic Theorist wurde 1955 mit Unterstützung von Allen Newell und Herbert A. Simon entwickelt und war eine der ersten KI-Anwendungen. Ziel war es, mathematische Theoreme anhand von Kriterien der objektiven Urteilskraft und der heuristischen Suche zu beweisen. Logic Theorist stellte fest, dass Maschinen menschliche Problemlösungsfähigkeiten widerspiegeln können, und ebnete den Weg für zukünftige

Anwendungen im Bereich des automatischen Denkens und Theorembeweisens.

GPS, ebenfalls von Allen Newell und Herbert A. Simon entwickelt, war 1957 eine einflussreiche KI-Anwendung zur Lösung einer Vielzahl von Problemen. Sie verwendete einen Problemlösungsansatz, der hauptsächlich auf der Analyse von Strategie und Zielen basierte, und konnte seine Problemlösungsstrategien auf Grundlage früherer Erfahrungen anpassen. GPS stellte einen großen Schritt hin zur Entwicklung flexiblerer und adaptiverer KI-Systeme dar.

-Workshop, der oft als Beginn der KI als Fachgebiet angesehen wird, fand im Sommer 1956 statt. Unter der Leitung von John McCarthy, Marvin Minsky, Nathaniel Rochester und Claude Shannon brachte der Workshop namhafte Forscher zusammen, um über die Möglichkeit der Entwicklung „denkender Maschinen" zu diskutieren und den Begriff „künstliche Intelligenz" zu prägen. Dieses Ereignis markierte den Beginn systematischer KI-Forschung und katalysierte Fortschritte in der KI-Technologie.

ELIZA wurde 1966 von Joseph Weizenbaum entwickelt und war eine Anwendung zur Verarbeitung natürlicher Sprache, die die Kommunikation mit einem menschlichen Psychotherapeuten simulierte. ELIZA nutzte Mustervergleich und klare Sprachregeln, um Klienten in textbasierten Interaktionen einzubinden. Obwohl ELIZA vor allem als erste Anwendung diente, testete es, wie KI durch

Sprachinteraktionen die Illusion von Fachwissen und Empathie erzeugen kann.

Shakey wurde Ende der 1960er Jahre am Stanford Research Institute entwickelt und war einer der ersten mobilen Roboter, der autonom navigieren und manipulieren konnte. Shakey nutzte eine Kombination aus Kameras, Sensoren und KI-Algorithmen, um seine Umgebung zu kartieren und seine Bewegungen zu planen. Er wurde zu einem Pionierbeispiel für KI-Programme in der Robotik und legte den Grundstein für zukünftige Trends bei autonomen Systemen.

MYCIN wurde Anfang der 1970er Jahre entwickelt und entwickelte sich zu einem Expertentool zur Unterstützung der wissenschaftlichen Analyse und Behandlungsempfehlungen bei bakteriellen Infektionen. Es nutzte einen regelbasierten Ansatz und eine Datenbank mit medizinischen Daten, um personalisierte Empfehlungen basierend auf den Symptomen und der Krankengeschichte der betroffenen Person zu erstellen. MYCIN demonstrierte das Potenzial von KI in Spezialbereichen und hob die Vorteile der Kombination von menschlichem Wissen und KI-Fähigkeiten hervor.

Diese frühen KI-Programme und -Anwendungen markierten wichtige Meilensteine in der Geschichte der Region und demonstrierten die Fähigkeit von Maschinen, menschenähnliche Intelligenz und Problemlösungskompetenzen zu simulieren. Obwohl diese Programme im Vergleich zu modernen KI-Strukturen simpel erscheinen mögen, legten sie den Grundstein für die Entwicklung der KI-Ära und setzten den Maßstab für die transformativen Verbesserungen, die in heutigen KI-Anwendungen zu beobachten sind. Die Erkenntnisse aus diesen frühen Bemühungen beeinflussen die KI-Forschung und -Entwicklung weiterhin und prägen die Entwicklung des Feldes, während es in neue Bereiche der künstlichen Intelligenz vordringt.

2.2.2 Aufstieg und Einfluss von Deep Learning

Deep Learning hat sich zu einer der revolutionärsten und einflussreichsten Entwicklungen im Bereich der Künstlichen Intelligenz (KI) entwickelt. Es hat zahlreiche Branchen und Anwendungen maßgeblich verändert und die Grenzen des KI-Erfolgs erweitert.

Deep Learning ist ein Teilgebiet des maschinellen Lernens und konzentriert sich auf das Training künstlicher neuronaler Netze mit mehreren Schichten, auch Deep Neural Networks genannt. Diese Netze können automatisch lernen, hierarchische Muster und Fähigkeiten aus komplexen Statistiken zu bilden und zu extrahieren, was sie besonders effektiv für Aufgaben in den Bereichen Bilderkennung, natürliche Sprachverarbeitung und anderen Bereichen macht.

Das Konzept tiefer neuronaler Netzwerke geht auf die Entwicklung der ersten künstlichen Neuronen und Perzeptronen in den 1940er Jahren zurück. Allerdings begannen Forscher erst in den 1980er und 1990er Jahren, mit tieferen Architekturen zu experimentieren und dabei große Herausforderungen bei der effektiven Ausbildung solcher Netzwerke zu bewältigen.

Die Entwicklung des Backpropagation-Regelwerks in den 1980er Jahren wurde zu einem wichtigen Meilenstein für Deep Learning. Backpropagation ermöglichte das umweltfreundliche Training tiefer neuronaler Netzwerke durch die Berechnung von Gradienten und die Aktualisierung der Netzwerkparameter im gesamten Lernsystem. Dieser Durchbruch ermöglichte es Forschern, tiefere Netzwerke aufzubauen und deren Leistung deutlich zu verbessern.

Convolutional Neural Networks (CNNs), die in den 1990er Jahren eingeführt und Anfang der 2010er Jahre populär wurden, revolutionierten die Aufgaben des Computer- Vision-Systems. CNNs nutzen Faltungsschichten, um hierarchische Darstellungen von Bilddaten automatisch zu analysieren und so eine präzise Bilderkennung, Objekterkennung und Bildgenerierung zu ermöglichen.

Mitte der 2010er Jahre leistete Deep Learning einen großen Beitrag zu NLP-Aufgaben. Rekurrente neuronale Netze (RNNs) und Long Short-Term Memory (LSTM)-Netzwerke ermöglichten die Entwicklung von Sprachmodellen, die sequenzielle Statistiken verarbeiten konnten, was zu Durchbrüchen in der maschinellen Übersetzung, der Stimmungsanalyse und bei Chatbots führte.

Deep Learning hat auch beim Reinforcement Learning große Fortschritte gemacht, einem Zweig der KI, der darauf abzielt, Verkäufern beizubringen, aus ihren Interaktionen mit der Umgebung zu lernen. Deep Reinforcement Learning-Algorithmen haben in Verbindung mit Deep Q Networks (DQNs) und Proximal Policy Optimization (PPO) bei komplexen Aufgaben wie Glücksspielen, Robotik und autonomen Systemen beachtliche Erfolge erzielt.

Der Aufschwung des Deep Learning hat tiefgreifende Auswirkungen auf zahlreiche Branchen und Anwendungen. Im Gesundheitswesen unterstützt Deep Learning die medizinische Bildgebung, die Krankheitsdiagnose und die Arzneimittelforschung. Im Finanzwesen trägt es zur Betrugserkennung und zum algorithmischen Handel bei. In unabhängigen Fahrzeugen ermöglicht Deep Learning verbesserte Wahrnehmungs- und Entscheidungsfähigkeiten. Auch die Unterhaltungsbranche hat Deep Learning revolutioniert: KI-generierte Inhalte und Beratungssysteme prägen Persönlichkeitsstudien.

Der Erfolg des Deep Learning ist teilweise auf Hardwareverbesserungen zurückzuführen, insbesondere auf Grafikprozessoren (GPUs) und spezielle KI-Chips. Diese Technologien beschleunigen das Training und die Inferenz tiefer neuronaler Netzwerke drastisch und ermöglichen so die Entwicklung groß angelegter Deep-Learning-Modelle.

Der Aufschwung des Deep Learning hat KI-Studien und -Anwendungen grundlegend verändert. Sein Erfolg bei komplexen Aufgaben und sein Potenzial, große Datenmengen zu nutzen, haben zu Verbesserungen in verschiedenen Bereichen geführt. Deep Learning gewinnt weiter an Bedeutung und verspricht, neue Wege in der KI zu beschreiten und zur Lösung einiger der dringendsten gesellschaftlichen Herausforderungen beizutragen. Als treibende Kraft der KI-Revolution prägt Deep Learning weiterhin die Zukunft der Technologie und beeinflusst Branchen und unser tägliches Leben maßgeblich.

2.3 Aktuelle Technologien und Anwendungen der Künstlichen Intelligenz

2.3.1 Selbstfahrende Autos und autonome Systeme

Selbstfahrende Autos und autonome Systeme stellen eine transformative Anwendung künstlicher Intelligenz und Robotik dar. Diese Technologien revolutionieren den Transport, indem sie Motoren und Maschinen ermöglichen, ohne menschliches Eingreifen zu funktionieren.

Das Konzept selbstfahrender Autos gibt es schon seit vielen Jahrzehnten, doch in den letzten Jahren wurden erhebliche Fortschritte erzielt. Fortschritte in der Sensorik, der maschinellen Intelligenz und der Computervision haben maßgeblich zur Entwicklung autonomer Fahrzeuge beigetragen, die in der Lage sind, in realen Umgebungen zu navigieren.

Selbstfahrende Autos und autonome Systeme basieren auf einer Kombination aus Sensoren, KI-Algorithmen und Steuerungssystemen. Lidar, Radar, Kameras und Ultraschallsensoren liefern Echtzeitdaten über die Umgebung des Fahrzeugs, während KI-Algorithmen diese Daten verarbeiten, um Entscheidungen zu treffen. Steuerungssysteme setzen diese Entscheidungen in konkrete Aktionen um und ermöglichen so eine präzise Navigation des Fahrzeugs.

Die Society of Automotive Engineers (SAE) hat sechs Stufen der Automatisierung definiert, von Level 0 (keine Automatisierung) bis Level 5 (vollständige Automatisierung). Systeme der Level 2 und 3 bieten eingeschränkte Fahrerassistenz, während Level 4 und Level 5 eine hohe bzw. vollständige Automatisierung darstellen, bei der nur minimale oder gar keine menschlichen Eingriffe erforderlich sind.

Sicherheit ist ein zentrales Thema bei der Entwicklung selbstfahrender Fahrzeuge. Autonome Systeme müssen strenge Sicherheitsanforderungen erfüllen und vor dem Einsatz auf öffentlichen Straßen umfangreiche Tests durchlaufen. Regierungen und Regulierungsbehörden spielen eine wichtige Rolle bei der Festlegung der rechtlichen Rahmenbedingungen für autonome Fahrzeuge und der Gewährleistung der öffentlichen Sicherheit.

Die autonome Nutzung von Kraftfahrzeugen kann die Sicherheit im Straßenverkehr erhöhen und menschliche Fehler, eine Hauptursache für Verletzungen, reduzieren. Sie kann außerdem die Verkehrsleistung verbessern, Staus reduzieren und Mobilitätslösungen für ältere oder behinderte Menschen mit eingeschränktem Zugang zu Verkehrsmitteln bieten.

Trotz enormer Fortschritte stehen selbstfahrende Autos vor zahlreichen Herausforderungen und Hürden. Die Anpassung an unvorhersehbares menschliches Verhalten, widrige Wetterbedingungen und komplexe städtische Umgebungen bleibt eine anspruchsvolle Aufgabe. Ethische Bedenken, darunter das Trolley-Problem (eine ethische Falle, bei der das Auto Entscheidungen treffen muss, die seine Passagiere oder Fußgänger schädigen können), stellen zudem ethische Herausforderungen dar.

Das öffentliche Vertrauen und die Popularität selbstfahrender Autos sind entscheidend für ihre breite Akzeptanz. Um dieses Vertrauen aufzubauen, bedarf es einer klaren Kommunikation über die Möglichkeiten und Hindernisse autonomer Systeme sowie der Berücksichtigung von Bedenken hinsichtlich Sicherheit, Datenschutz und der Verlagerung von Arbeitsplätzen.

Das Konzept der Autonomie erstreckt sich über selbstfahrende Autos hinaus auf außergewöhnliche Bereiche. Autonome Drohnen werden in zahlreichen Branchen eingesetzt, darunter in der Landwirtschaft, der Überwachung und im Transportwesen. Darüber hinaus werden autonome Roboter in der Fertigung, in Lagern und im Gesundheitswesen eingesetzt, um Abläufe zu rationalisieren und menschliche Fähigkeiten zu erweitern.

Die massive Verbreitung selbstfahrender Fahrzeuge und autonomer Systeme könnte Städte und Verkehrsinfrastrukturen grundlegend verändern. Sie könnte zu einem Rückgang des Fahrzeugbesitzes, Änderungen in der Stadtplanung und neuen Geschäftsmodellen in der Verkehrsbranche führen.

Selbstfahrende Autos und autonome Systeme stellen einen transformativen Nutzen von KI und Robotik dar. Obwohl bereits große Fortschritte erzielt wurden, geht die Reise hin zu vollständig autonomen Fahrzeugen und Systemen weiter. Die Bewältigung technischer, regulatorischer und ethischer Herausforderungen ist entscheidend, um das volle Potenzial autonomer Technologien auszuschöpfen und eine neue Ära des Transports und der Automatisierung einzuläuten, die Sicherheit, Leistung und Zugänglichkeit verbessern kann.

2.3.2 Natürliche Sprachverarbeitung und Spracherkennung

Natürliche Sprachverarbeitung (NLP) und Spracherkennung sind miteinander verbundene Zweige der künstlichen Intelligenz (KI), deren Schwerpunkt darauf liegt, Maschinen zu ermöglichen, menschliche Sprache auf natürliche und sinnvolle Weise zu erkennen, zu interpretieren und mit ihr umzugehen.

NLP ist ein KI-Bereich, der die Kluft zwischen menschlicher Sprache und maschinellem Verständnis überbrücken möchte. Sein Hauptzweck besteht darin, Maschinen das Erkennen, Verarbeiten und Generieren menschlicher Sprache in geschriebener oder gesprochener Form zu ermöglichen. Die NLP-Technologie bietet eine Vielzahl von Anwendungen und Funktionen und ist zu einem wichtigen Bestandteil unseres täglichen Lebens geworden.

Tokenisierung: Bei der Tokenisierung wird ein Text in kleinere Einheiten, z. B. Wörter oder Begriffe, zerlegt, um die Sprache richtig zu analysieren und zu interpretieren.

NLP-Systeme weisen Begriffen grammatikalische Tags zu und identifizieren ihre Rollen als Substantive, Verben, Adjektive und viele andere, um die Satzstruktur zu erkennen.

NER identifiziert und kategorisiert Entitäten wie Namen von Personen, Unternehmen, Orten und Daten in einem Textinhalt.

NLP-Algorithmen können die in einem Textstück zum Ausdruck gebrachte Stimmung oder Emotion untersuchen und bestimmen, ob sie positiv, negativ oder neutral ist.

NLP wird zum Erstellen von Sprachübersetzungssystemen wie Google Translate verwendet und erleichtert die Kommunikation zwischen Supersprachen.

NLP ermöglicht die Entwicklung von Konversations-KI-Unternehmern, die über natürliche Sprachschnittstellen mit Kunden interagieren.

Suchmaschinen nutzen NLP, um Kundenanfragen zu verstehen und relevante Informationen aus großen Datenbanken abzurufen.

NLP-Algorithmen können automatisch prägnante Zusammenfassungen längerer Texte erstellen.

Die Spracherkennung, auch als automatische Spracherkennung (ASR) bezeichnet, ist ein Teilgebiet der natürlichen Sprachverarbeitung (NLP), das sich auf die Umwandlung gesprochener Sprache in geschriebenen Text konzentriert. Diese Technologie ermöglicht es Maschinen, menschliche Sprache korrekt zu erkennen und zu transkribieren.

Akustische Modelle analysieren Audiosignale, um Phoneme zu erkennen und sie Wörtern und Phrasen zuzuordnen.

Sprachmodelle verwenden Wahrscheinlichkeitsverteilungen, um basierend auf dem Kontext die wahrscheinlichste Wortkombination zu ermitteln.

Durch die Kombination akustischer und sprachlicher Modelle können Spracherkennungssysteme gesprochene Wörter in geschriebenen Text umwandeln.

Virtuelle Assistenten wie Siri, Alexa und Google Assistant nutzen die Spracherkennung, um Sprachanweisungen zu erteilen und Antworten bereitzustellen.

Spracherkennung wird in zahlreichen Branchen, darunter im medizinischen Bereich und im Gefängnisbereich, eingesetzt, um Audioaufnahmen in geschriebenen Text zu transkribieren.

Die Spracherkennungstechnologie ist in die Produktivitätssoftware integriert und ermöglicht es Benutzern, Text zu diktieren und Programme mithilfe von Sprachbefehlen zu verwalten.

Die Spracherkennung verbessert die Zugänglichkeit für Menschen mit Behinderungen und ermöglicht ihnen die Interaktion mit anderen Menschen über Sprache.

NLP und Spracherkennung haben sich mit dem Aufkommen von Deep Learning und neuronalen Netzwerken deutlich verbessert. Diese Technologien entwickeln sich ständig weiter und versprechen weiterhin eine nahtlose Mensch-Gerät-Kommunikation, die Umgestaltung von Branchen und die Verbesserung von Kundenbeziehungen über verschiedene Anwendungen hinweg.

2.3.3 Künstliche Intelligenz-gestützte Gesundheitsdienste

Künstliche Intelligenz (KI) hat sich im Gesundheitswesen als transformativer Faktor herausgestellt. Sie revolutioniert die Bereitstellung klinischer Dienste und verbessert die Ergebnisse der betroffenen Personen. KI-gestützte Gesundheitsdienste nutzen die Leistungsfähigkeit fortschrittlicher Algorithmen, Geräteauslesung und Datenanalyse, um die klinische Präferenzfindung, Diagnose, Behandlung und Patientenversorgung zu verbessern.

KI-gestützte wissenschaftliche Bildgebung spielt eine wichtige Rolle bei der Früherkennung und Diagnose von Krankheiten. Algorithmen zur maschinellen Analyse untersuchen wissenschaftliche Bilder, darunter Röntgen-, MRT- und CT-Aufnahmen, mit hoher Genauigkeit. KI-Systeme können Anomalien, Tumore und andere Anomalien erkennen, Ärzte bei fundierteren Entscheidungen unterstützen und die Genauigkeit der Diagnose verbessern.

KI unterstützt personalisierte Behandlungspläne für Patienten, die vollständig auf deren Krankenakten, genetischer Veranlagung und dem Ansprechen auf Behandlungen basieren. Durch die Auswertung umfangreicher Patientenakten können KI-Systeme Behandlungsergebnisse vorhersehen und die besten, auf die Bedürfnisse jedes Einzelnen zugeschnittenen Wiederherstellungsmethoden empfehlen. Diese Methode gewährleistet gezieltere und umweltfreundlichere Behandlungen, was zu besseren Behandlungsergebnissen für den Patienten führt.

KI beschleunigt die Arzneimittelforschung durch die Auswertung umfangreicher molekularer Datensätze und die

Vorhersage potenzieller Arzneimittelkandidaten. KI-Algorithmen identifizieren Moleküle mit bestimmten Eigenschaften, die bei der Behandlung verschiedener Krankheiten wirksam sein können. Dies beschleunigt die Arzneimittelentwicklung, senkt die Kosten und erhöht die Chance, neue und fortschrittliche Behandlungsmöglichkeiten zu finden.

KI-gesteuerte digitale Gesundheitsassistenten und Chatbots bieten Patienten personalisierte Beratung und Unterstützung im Gesundheitswesen. Diese virtuellen Assistenten können medizinische Fragen beantworten, an die Einnahme von Medikamenten erinnern und Lebensstilrichtlinien bereitstellen. Sie verbessern die Patienteneinbindung und ermöglichen jederzeit und überall den Zugriff auf Gesundheitsinformationen.

KI-basierte prädiktive Analysen beobachten Patientendaten, um Personen zu identifizieren, bei denen ein erhöhtes Risiko für die Entwicklung positiver klinischer Zustände besteht. Diese frühzeitige Identifizierung ermöglicht proaktive Interventionen, die es Gesundheitsdienstleistern ermöglichen, die Entwicklung von Krankheiten zu verhindern und Krankenhausaufenthalte zu reduzieren.

KI-gestützte Fernüberwachungslösungen ermöglichen die kontinuierliche Überwachung des Gesundheitszustands von Patienten außerhalb traditioneller Gesundheitseinrichtungen. Tragbare Geräte und Sensoren erfassen Patientendaten, die in

Echtzeit analysiert werden. Bei Auffälligkeiten können medizinische Fachkräfte direkt eingreifen. Dies verbessert die Patientensicherheit und ermöglicht eine umweltfreundlichere Versorgung.

KI optimiert den Gesundheitsbetrieb durch die Rationalisierung administrativer Aufgaben, die Verwaltung von Patiententerminen und die Automatisierung wiederkehrender Prozesse. Diese verbesserte Effizienz ermöglicht es dem medizinischen Fachpersonal, sich stärker auf die Patientenversorgung zu konzentrieren und reduziert den Verwaltungsaufwand.

Obwohl KI im Gesundheitswesen über erstaunliche Fähigkeiten verfügt, wirft sie auch ethische Bedenken und Probleme mit dem Datenschutz auf. Der Schutz der betroffenen Personendaten und die Einhaltung ethischer Richtlinien durch KI-Systeme sind unerlässlich, um den verantwortungsvollen Einsatz von KI im Gesundheitswesen zu gewährleisten.

KI-gestützte Gesundheitsdienste verändern die medizinische Landschaft, indem sie die Analysegenauigkeit verbessern, Behandlungen personalisieren, die Arzneimittelentwicklung beschleunigen und die Patientenversorgung verbessern. Mit der zunehmenden Verbreitung von KI wird sie die Zukunft des Gesundheitswesens immer wichtiger gestalten und es umweltfreundlicher, zugänglicher und patientenorientierter machen. Eine verantwortungsvolle Umsetzung, der Datenschutz und ethische Bedenken bleiben jedoch von größter Bedeutung, um sicherzustellen, dass KI-Technologie das Gesundheitswesen effektiv beeinflusst und zu besseren Gesundheitsergebnissen für Menschen und Gruppen weltweit beiträgt.

KAPITEL 3

Mensch-Maschine-Kollaboration

3.1 Die Rolle der Künstlichen Intelligenz in der Zusammenarbeit mit Menschen

3.1.1 Kombination menschlicher und künstlicher Intelligenzfähigkeiten

Die Integration von menschlicher und künstlicher Intelligenz (KI) ist ein sich rasant entwickelndes Gebiet, das in zahlreichen Bereichen und Branchen enormes Potenzial birgt. Die Kombination der jeweiligen Stärken von Mensch und Maschine kann starke Synergien hervorbringen, Fähigkeiten erweitern und komplexe, anspruchsvolle Situationen bewältigen.

Der Grund für die Kombination menschlicher und künstlicher Fähigkeiten liegt nicht unbedingt darin, die menschliche Intelligenz zu ersetzen, sondern sie zu steigern. KI kann große Informationsmengen mit hoher Geschwindigkeit verarbeiten und analysieren, wertvolle Erkenntnisse liefern und Menschen bei Entscheidungsstrategien unterstützen. Menschen verfügen jedoch über Kreativität, emotionale Intelligenz und Intuition, die für Maschinen schwer zu reproduzieren sein können. Die Synergie zwischen menschlichen und künstlichen Fähigkeiten ermöglicht einen ganzheitlicheren Ansatz zur Problemlösung und Wunscherfüllung.

KI zeichnet sich durch die Verarbeitung von Fakten, die Reputation von Stichproben und statistikbasierte Vorhersagen aus. Durch den Einsatz von KI-Algorithmen können Menschen komplexe Statistikeinheiten leistungsfähiger und genauer analysieren. Dies ist vor allem in Bereichen wie dem Gesundheitswesen, dem Finanzwesen und der medizinischen Forschung nützlich, in denen große Datenmengen analysiert werden müssen, um umfassende Erkenntnisse zu gewinnen.

Bei der Kombination menschlicher und künstlicher Fähigkeiten ist ein menschenzentrierter Designansatz unerlässlich. KI-Systeme müssen kundenfreundlich, verständlich und interpretierbar sein, um Vertrauen und Attraktivität bei menschlichen Nutzern zu fördern. Darüber hinaus ist das Verständnis menschlicher Entscheidungen, Wünsche und Einschränkungen entscheidend für die Entwicklung von KI-Systemen, die die menschliche Intelligenz effektiv ergänzen.

Während KI bei eng umrissenen und klar definierten Aufgaben hervorragende Leistungen erbringen kann, bleibt die menschliche Kreativität unübertroffen. Durch die Nutzung von KI-Tools können Menschen die Kraft informationsbasierter Erkenntnisse nutzen, um kreative Problemlösungen zu fördern. KI-generierte Ideen und Erkenntnisse können als Sprungbrett für menschliche Kreativität dienen und so zu innovativen Lösungen und Durchbrüchen führen.

Die Integration menschlicher und künstlicher Fähigkeiten wirft zudem moralische Fragen auf. Es ist entscheidend, sicherzustellen, dass KI-Systeme mit menschlichen Werten im Einklang stehen, Datenschutzrechte wahren und Voreingenommenheit vermeiden. Ethische Empfehlungen und Vorschriften sollten den verantwortungsvollen Einsatz von KI in Kombination mit menschlicher Intelligenz regeln.

Die Verschmelzung menschlicher und künstlicher Fähigkeiten ermöglicht eine nahtlose Zusammenarbeit zwischen Mensch und Gerät. Dazu gehören die Entwicklung intuitiver Schnittstellen, natürlicher Sprachverarbeitung und adaptiver KI-Strukturen, die menschliche Absichten verstehen und effizient darauf reagieren können. Die Zusammenarbeit zwischen Mensch und Werkzeug könnte in Bereichen wie Robotik, selbsttragenden Strukturen und Virtual-Reality-Anwendungen von entscheidender Bedeutung sein.

Durch den Einsatz von KI-Geräten können Menschen ihre Kompetenzen verbessern und neue Daten effektiver sammeln. KI-gestützte Lernstrukturen können Lerninhalte individuell anpassen, sich an Lernstile der Person anpassen und personalisierte Kommentare liefern. So revolutionieren sie Bildung und lebenslanges Lernen.

Die Integration menschlicher und künstlicher Fähigkeiten wird die Personallandschaft grundlegend verändern. Während KI repetitive und alltägliche Aufgaben übernimmt, können sich Menschen auf anspruchsvollere Aufgaben konzentrieren, die Kreativität, emotionale Intelligenz und kritisches Denken erfordern. Dieser Wandel erfordert kontinuierliches Lernen und Umschulung, um den sich wandelnden Anforderungen des Technologiemarktes gerecht zu werden.

Die Kombination menschlicher und künstlicher Intelligenz eröffnet spannende Möglichkeiten für Innovation und Fortschritt. Ein kollaborativer Ansatz, bei dem Mensch und Maschine die jeweiligen Stärken ergänzen, kann zu bahnbrechenden Fortschritten in verschiedenen Bereichen führen. Um das volle Potenzial dieser synergetischen Verbindung zwischen menschlicher und künstlicher Intelligenz auszuschöpfen, sind jedoch eine verantwortungsvolle KI-Integration, die Einhaltung ethischer Standards und die Priorisierung eines menschenorientierten Designs unerlässlich. Die Nutzung der Möglichkeiten der Mensch-KI-Zusammenarbeit kann in Zukunft eine hochmoderne Generation von Möglichkeiten eröffnen und außergewöhnliche Veränderungen in der Gesellschaft ermöglichen.

3.1.2 Die Bedeutung kollaborationsorientierter Arbeitsumgebungen

Zusammenarbeit ist ein wichtiger Faktor in modernen Büros und fördert Produktivität, Innovation und gemeinsamen Erfolg. Die Schaffung einer Arbeitsumgebung, die die Zusammenarbeit zwischen den Mitarbeitern fördert, ist für Unternehmen zu einem strategischen Schlüssel geworden. Hier erfahren Sie, wie wichtig die Förderung der Zusammenarbeit am Arbeitsplatz ist und welche positiven Auswirkungen sie auf Menschen und Unternehmen haben kann.

Wenn Mitarbeiter zusammenarbeiten, bündeln sie ihre unterschiedlichen Fähigkeiten, Kenntnisse und Perspektiven, um komplexe Herausforderungen zu bewältigen. Diese gemeinsame Anstrengung führt zu einer besseren Problemlösung und fundierten Entscheidungsfindung.

Zusammenarbeit fördert Innovation und Kreativität. Gemeinsames Arbeiten inspiriert einander und bringt neue Denkansätze und Problemlösungen hervor. Diese Kreativitätskultur fördert kontinuierliche Weiterentwicklung und hält Teams an der Spitze ihrer Branche.

Zusammenarbeit stärkt das Engagement der Mitarbeiter, indem sie das Gefühl von Zugehörigkeit und Wert fördert. Wenn Mitarbeiter zusammenarbeiten, werden sie für ihre Beiträge geschätzt, was zu einer höheren Zufriedenheit mit dem Prozess und einem stärkeren Engagement für die Unternehmensziele führt.

Eine kollaborative Arbeitsumgebung fördert kontinuierliches Lernen und die fachliche Weiterentwicklung. Mitarbeiter haben die Möglichkeit, von ihren Kollegen zu lernen, Wissen auszutauschen und neue Fähigkeiten zu erwerben. Dies trägt zu ihrer persönlichen Entwicklung und zum Verständnis des Unternehmens bei.

Effektive Zusammenarbeit verbessert die Kommunikation und die zwischenmenschlichen Fähigkeiten der Mitarbeiter. Durch die gemeinsame Arbeit entwickeln sie eine bessere Teamarbeit und Kooperation, was zu verbesserten Interaktionen und weniger Konflikten führt.

Durch Zusammenarbeit können sich Unternehmen in einer sich schnell verändernden Unternehmenslandschaft anpassen und erfolgreich sein. Sie fördert Flexibilität und Resilienz und ermöglicht es Unternehmen, schnell auf schwierige Situationen zu reagieren und neue Chancen zu nutzen.

Der Aufbau von Vertrauen und Kameradschaft ist ein natürliches Ergebnis der Zusammenarbeit. Vertrauen ist die Grundlage für erfolgreiche Teamarbeit und ermöglicht es den Mitarbeitern, sich auf das Wissen und die Unterstützung des anderen zu verlassen. Ein kollaboratives Umfeld schafft zudem eine hohe Arbeitsqualität und fördert starke Beziehungen zwischen den Teammitgliedern.

Zusammenarbeit bringt alle Beteiligten näher an gemeinsame Ziele. Sie stellt sicher, dass alle Mitarbeiter die Ziele des Unternehmens verstehen und wissen, wie ihre Beiträge zum Erfolg beitragen. Diese gemeinsame Vision vermittelt ein Gefühl von Vernunft und kollektiver Verantwortung für das Erreichen organisatorischer Meilensteine.

Eine kollaborationsorientierte Arbeitsumgebung ist entscheidend für den Erfolg eines Unternehmens. Zusammenarbeit unterstützt die Problemlösung, fördert

Innovation und steigert das Engagement der Mitarbeiter. Die Schaffung einer kollaborativen Kultur führt zu einem positiven und angenehmen Arbeitsumfeld, in dem Menschen erfolgreich sein und ihre herausragende Arbeit zur Verwirklichung gemeinsamer Ziele beitragen können.

3.2 Der Einsatz künstlicher Intelligenz und ihre Auswirkungen am Arbeitsplatz

3.2.1 Der Einfluss künstlicher Intelligenz auf Produktivität und Arbeitsabläufe

Künstliche Intelligenz (KI) hat sich im Bereich der Produktivität und Workflow-Optimierung als transformativer Faktor erwiesen. Unternehmen suchen nach Strategien, um wettbewerbsfähig zu bleiben und ihre Gesamtleistung zu steigern. Die KI-Generation hat sich dabei als wertvolles Werkzeug erwiesen.

Einer der wichtigsten Beiträge der KI zur Produktivität ist die Automatisierung. KI-Algorithmen können sich wiederholende und zeitintensive Aufgaben bewältigen und so wertvolle Personalressourcen für komplexere und strategischere Aufgaben freisetzen. Ob Informationszugriff, Kundendienstanfragen oder regelmäßige Analysen – KI-Automatisierung beschleunigt Prozesse und reduziert manuellen Aufwand und menschliche Fehler.

KI-gestützte Datenanalyse ermöglicht es Teams, wertvolle Erkenntnisse aus riesigen Datensätzen zu gewinnen.

Fortschrittliche Algorithmen des maschinellen Lernens können Muster, Trends und Korrelationen in Daten erkennen, die Menschen möglicherweise übersehen. Diese Erkenntnisse liefern wertvolle Daten für die Entscheidungsfindung und Strategieentwicklung und ermöglichen es Teams, statistikbasierte Entscheidungen zu treffen.

Durch die Integration von KI-Technologie in Arbeitsabläufe können Teams ihre Prozesse optimieren und die Produktivität steigern. KI kann Engpässe erkennen, die Aufgabenverteilung optimieren und sogar zukünftige Ressourcenanforderungen vorhersehen und so für gut organisierte und reibungslose Arbeitsabläufe sorgen.

Das Potenzial der KI, große Datenmengen zu verarbeiten und zu analysieren, ermöglicht eine stärkere Personalisierung für Kunden und Verbraucher. Durch personalisierte Tipps und maßgeschneiderte Bewertungen können Unternehmen die Kundenzufriedenheit und -treue steigern, was letztendlich zu einer Steigerung von Produktivität und Umsatz führt.

KI-gestützte Systeme können Statistiken in Echtzeit verarbeiten und so schnelle Entscheidungen treffen. Durch den Zugriff auf aktuelle Statistiken und prädiktive Analysen können Unternehmen unerwartet auf veränderte Marktbedingungen reagieren, agile Entscheidungen treffen und so einen Wettbewerbsvorteil erlangen.

KI-gestützte Tools zur natürlichen Sprachverarbeitung (NLP) erleichtern die Kommunikation und Zusammenarbeit innerhalb von Organisationen. NLP-fähige Chatbots und virtuelle Assistenten optimieren die interne Kommunikation, ermöglichen schnellen Zugriff auf Daten und Antworten auf Fragen und steigern so die Produktivität.

Die prädiktiven Fähigkeiten der KI gehen über die Informationsauswertung hinaus. In Unternehmensumgebungen kann KI Werkzeugfehler und Renovierungsziele vorhersehen und Unternehmen so vorbeugende Instandhaltungsmaßnahmen durchführen, Ausfallzeiten reduzieren und die Ressourcenzuweisung optimieren.

KI-gestützte Kundensupportlösungen verbessern Reaktionsfähigkeit und Effizienz. Chatbots und virtuelle Assistenten können Kundenanfragen umgehend bearbeiten und bieten rund um die Uhr Support. Dies steigert nicht nur die Kundenzufriedenheit, sondern ermöglicht es menschlichen Mitarbeitern auch, komplexere Probleme zu erkennen und so die Produktivität zu steigern.

KI-Systeme können aus historischen Daten und Kundeninteraktionen lernen und so ihre Leistung kontinuierlich verbessern. Diese Anpassungsfähigkeit sorgt dafür, dass KI-Technologien mit der Zeit immer leistungsfähiger werden, was zu kontinuierlichen Produktivitätssteigerungen und Workflow-Optimierungen führt.

Der Einfluss von KI auf Produktivität und Workflow-Optimierung ist enorm und vielfältig. Durch Automatisierung, Datenanalyse und verbesserte Personalisierung ermöglicht KI Unternehmen, Abläufe zu optimieren und faktenbasierte Entscheidungen zu treffen. Die Integration von KI-Technologien in Arbeitsabläufe ermöglicht Entscheidungen in Echtzeit und effizienten Kundenservice und unterstützt gleichzeitig kontinuierliches Lernen und Verbesserung. Die Nutzung von KI als produktivitätssteigerndes Instrument ist entscheidend für Unternehmen, die wettbewerbsfähig bleiben und Innovationen in der neuen, schnelllebigen Geschäftswelt vorantreiben wollen.

3.2.2 Auswirkungen auf die Belegschaft und Beschäftigung

Die massive Verbreitung der künstlichen Intelligenz (KI) hat enorme Auswirkungen auf die Personal- und Beschäftigungslandschaft. KI bietet zwar Möglichkeiten zur Verbesserung von Produktivität und Leistung, wirft aber auch Fragen zur Prozessverschiebung und zur Veränderung von Arbeitsabläufen auf.

Der zunehmende Vorstoß der KI-gestützten Automatisierung kann auch zur Verdrängung bestimmter Arbeitsplätze führen, die anfällig für Automatisierung sind. Rollen, die repetitive Aufgaben und routinemäßige Datenverarbeitung beinhalten, laufen ein höheres Risiko, durch

KI-Systeme ersetzt zu werden. Es ist jedoch wichtig zu verstehen, dass KI auch eine Transformation von Freizeitrollen bewirken kann, bei denen Menschen mit der KI-Technologie zusammenarbeiten, um Produktivität und Wunscherfüllung zu steigern.

Mit der Weiterentwicklung der KI-Technologie steigt der Bedarf an neuen Kompetenzen in der Belegschaft. Weiterbildung und Umschulung werden für Mitarbeiter immer wichtiger, um sich an veränderte Aufgabenanforderungen anzupassen und im Arbeitsmarkt relevant zu bleiben. Um die neuen Chancen optimal nutzen zu können, müssen Mitarbeiter Fähigkeiten in den Bereichen KI-Entwicklung, Datenanalyse und Mensch-System-Zusammenarbeit erwerben.

Anstatt den Menschen vollständig zu ersetzen, wird KI die menschlichen Fähigkeiten vielmehr verbessern und ein kollaboratives Mensch-KI-Team schaffen. KI-Technologie kann repetitive Aufgaben und die Auswertung von Daten übernehmen, während sich menschliche Mitarbeiter auf Aufgaben konzentrieren, die Kreativität, emotionale Intelligenz und komplexe Problemlösungen erfordern. Die Zusammenarbeit zwischen Mensch und KI führt zu effizienteren und effektiveren Arbeitsmethoden.

Die massive Verbreitung von KI wirft ethische und gesellschaftliche Fragen auf. Es ist entscheidend, sicherzustellen, dass KI-Systeme ethisch, transparent und ohne die Verstärkung von Vorurteilen funktionieren. Darüber hinaus müssen sich politische Entscheidungsträger mit Fragen des Datenschutzes, der Projektverlagerung und den Auswirkungen von KI auf die Gesellschaft auseinandersetzen. Eine verantwortungsvolle Entwicklung und Implementierung von KI ist entscheidend für die Gestaltung einer zukunftsfähigen Arbeitswelt.

Während KI bestimmte Arbeitsplätze zusätzlich modernisieren kann, schafft sie auch neue Einsatzmöglichkeiten in Branchen, die mit der Entwicklung, Implementierung und dem Schutz von KI verbunden sind. Aufstrebende Branchen, die auf KI angewiesen sind, sowie autonome Fahrzeuge und KI-gestütztes Gesundheitswesen bieten Mitarbeitern mit entsprechenden Kompetenzen spannende Karrierechancen.

Künstliche Intelligenz kann menschliche Eigenschaften wie Empathie, Kreativität und zwischenmenschliche Fähigkeiten nicht widerspiegeln. Da KI zunehmend Routineaufgaben übernimmt, wird die Nachfrage nach Mitarbeitern mit ausgeprägten kognitiven und emotionalen Fähigkeiten steigen. Ausgeprägte zwischenmenschliche Kompetenzen, Anpassungsfähigkeit und Problemlösungskompetenz erweisen sich als wertvolle Eigenschaften in KI-gestützten Teams.

Die Auswirkungen von KI auf die Belegschaft sind in den verschiedenen Unternehmenssektoren unterschiedlich. Einige Branchen profitieren von den Datenanalyse- und

Automatisierungsfähigkeiten der KI, was zu einer verbesserten Effizienz führt. Im Gegensatz dazu können Branchen, die stark auf manuelle Arbeit angewiesen sind, auch mit erheblichen Herausforderungen bei der Prozessverlagerung konfrontiert sein.

Regierungen und politische Entscheidungsträger spielen eine entscheidende Rolle bei der Vorbereitung der Belegschaft auf die KI-gesteuerte Wirtschaft. Die Umsetzung von Vorschriften, die Weiterbildungs- und Umschulungsprojekte unterstützen, die Förderung eines ethischen KI-Einsatzes und die Bereitstellung von Hilfe für Vertriebene sind wichtige Schritte zur Bewältigung der Auswirkungen von KI auf die Belegschaft.

Die Auswirkungen von KI auf Arbeitnehmer und Beschäftigung sind komplex und vielschichtig. Neben der Verlagerung von Arbeitsplätzen schafft KI auch neue Möglichkeiten und Anforderungen an spezialisierte Fähigkeiten. Die Einbeziehung einer kollaborativen Mensch-KI-Belegschaft, die Priorisierung der Weiterbildung und die Berücksichtigung ethischer Aspekte sind wichtig, um die Vorteile von KI zu maximieren und gleichzeitig leistungsbezogene Herausforderungen in der Zukunft der Arbeit zu mildern.

3.3 Bereiche, in denen künstliche Intelligenz im täglichen Leben helfen kann

3.3.1 Persönliche Assistenten und Smart Devices

Persönliche Assistenten und intelligente Gadgets sind zu einem wichtigen Bestandteil unseres modernen Lebensstils geworden und revolutionieren die Art und Weise, wie wir mit der Generation interagieren und tägliche Aufgaben erledigen. Diese KI-gestützten Geräte bieten Komfort, Gesamtleistung und maßgeschneiderte Bewertungen und erfreuen sich daher bei den Kunden immer größerer Beliebtheit.

Persönliche Assistenten wie Siri, Google Assistant und Amazons Alexa sollen unser Leben zugänglicher und umweltfreundlicher machen. Über Sprachbefehle können Benutzer mit minimalem Aufwand verschiedene Aufgaben ausführen, darunter das Einstellen von Erinnerungen, das Senden von Nachrichten, das Tätigen von Anrufen und die Steuerung von Smart-Home-Geräten.

Einer der wichtigsten Vorteile persönlicher Assistenten ist ihre freihändige Bedienung. Nutzer können mit diesen KI-gestützten Assistenten per Sprachbefehl interagieren, sodass keine physische Interaktion mit Geräten erforderlich ist. Diese Funktion ist besonders nützlich, wenn die Hände des Kunden beschäftigt sind oder seine Mobilität eingeschränkt ist.

Persönliche Assistenten spielen eine wichtige Rolle bei der Entwicklung intelligenter Häuser. Durch die Vernetzung mit verschiedenen intelligenten Geräten wie intelligenter Beleuchtung, Thermostaten und Überwachungskameras ermöglichen persönliche Assistenten den Nutzern eine nahtlose Steuerung ihrer häuslichen Umgebung. Diese Integration ergänzt die Hausautomation und die Gesamtleistung.

KI-gestützte persönliche Assistenten nutzen die Algorithmen des Gerätewissens, um die Vorlieben und das Verhalten der Kunden zu erfassen. Im Laufe der Zeit liefern sie individuelle Antworten und Tipps und passen ihre Interaktionen an die individuellen Wünsche und Möglichkeiten jedes Einzelnen an.

Persönliche Assistenten verfügen über einen riesigen Datenbestand und beantworten Kundenfragen sofort. Durch den Zugriff auf Online-Datenbanken und Suchmaschinen können sie Echtzeitstatistiken zu zahlreichen Themen liefern, von Wettervorhersagen bis hin zu historischen Fakten.

Intelligente Geräte wie Smartwatches und Smartphones verfügen über persönliche Assistenzfunktionen, die die Produktivität steigern. Benutzer können Termine planen, Alarme einstellen, Kalender verwalten und unterwegs auf wichtige Informationen zugreifen.

Persönliche Assistenten ermöglichen die Sprachsteuerung, sodass Kunden Einkäufe per Sprachbefehl tätigen und verwalten können. Diese Funktion erfreut sich bei Kunden zunehmender Beliebtheit und bietet ein kontinuierliches und effizientes Einkaufserlebnis.

Intelligente Geräte und persönliche Assistenten tragen zu mehr Zugänglichkeit und Inklusion für Menschen mit Behinderungen bei. Sprachbasierte Interaktionen bieten eine neue Art der Kommunikation und Interaktion und machen die Technologie für ein viel breiteres Spektrum an Kunden zugänglicher.

Persönliche Assistenten können durch die Verwendung von Spieltiteln, das Vorlesen von Hörbüchern und die Präsentation von Anleitungen für Filme und Fernsehsendungen für Unterhaltung sorgen. Benutzer können ihre Mediengeräte auch per Sprachbefehl steuern und auf ihre bevorzugten Inhalte zugreifen.

Persönliche Assistenten mit KI-Unterstützung verbessern sich ständig durch Kundeninteraktionen und Feedback. Je mehr Statistiken und Erkenntnisse sie sammeln, desto besser können sie die Wünsche ihrer Kunden erfassen und korrektere und nützlichere Antworten liefern.

Persönliche Assistenten und intelligente Geräte haben die Art und Weise verändert, wie wir mit Technologie interagieren und unsere täglichen Aufgaben erledigen. Ihr Komfort, ihre Effizienz und ihre personalisierten Berichte haben sie zu einem wichtigen Teil unseres Lebens gemacht. Mit der fortschreitenden KI-Generation können wir noch modernere und flexiblere persönliche Assistenten und intelligente Geräte erwarten, die unseren sich ständig weiterentwickelnden Wünschen und Entscheidungen gerecht werden.

3.3.2 Unterhaltung und Interaktion mit Künstlicher Intelligenz

Künstliche Intelligenz (KI) hat die Unterhaltungsbranche revolutioniert und bietet Kunden neue und immersive Studien. Von interaktivem Storytelling bis hin zu KI-gestützten virtuellen Charakteren – die Kombination von KI und Unterhaltung hat die Art und Weise, wie wir mit Inhalten interagieren, verändert.

KI-Algorithmen berücksichtigen Kundenalternativen, Sehverhalten und Interaktionen, um maßgeschneiderte Inhaltsvorschläge zu unterbreiten. Streaming-Plattformen wie Netflix und YouTube nutzen KI, um Filme, Fernsehsendungen und Filme anzuzeigen, die auf den Geschmack des Einzelnen zugeschnitten sind und so ein attraktives und unterhaltsames Unterhaltungserlebnis gewährleisten.

KI spielt eine herausragende Rolle beim interaktiven Storytelling und Gaming. KI-gesteuerte Erzählungen passen sich an die Entscheidungen und Aktionen der Nutzer an und präsentieren individuell gestaltete Handlungsstränge und Gameplay-Berichte. Dieser Grad an Interaktivität steigert das Engagement der Nutzer und erhöht den Wiederspielwert von Videospielen und interaktiven Storytelling-Berichten.

KI-Technologien können Inhalte autonom generieren. Sie können beispielsweise Lieder komponieren, Kunstwerke schaffen oder sogar Geschichten und Drehbücher schreiben. Dies eröffnet neue Möglichkeiten für die Entwicklung von Inhalten und den kreativen Ausdruck und verwischt die Grenzen zwischen menschlicher Kreativität und KI-generierten Werken.

Im Unterhaltungsbereich gibt es heute KI-gestützte digitale Charaktere, die auf verschiedene Weise mit Kunden interagieren können. Virtuelle Assistenten wie Chatbots und digitale Influencer können über Social-Media-Systeme und - Programme an Gesprächen teilnehmen, Fragen beantworten und Kunden unterhalten.

KI kann menschliche Emotionen und Stimmungen aus verschiedenen Quellen analysieren, darunter Social-Media-Beiträge und Benutzerinteraktionen. Diese Stimmungsanalyse ermöglicht es Content-Erstellern und Vermarktern, die Reaktionen der Zielgruppe auf ihre Kunstwerke zu verstehen und Inhalte so anzupassen, dass sie beim Publikum besser ankommen.

Sprachassistenten wie Amazons Alexa und Apples Siri sind zu einem wichtigen Bestandteil intelligenter Geräte geworden. Benutzer können mit diesen KI-gesteuerten Assistenten interagieren, um auf Daten zuzugreifen, Smart-Home-Geräte zu steuern und verschiedene Aufgaben auszuführen, was ein kontinuierliches und interaktives Erlebnis bietet.

KI verbessert virtuelle und erweiterte Realitätsansichten durch die Entwicklung realistischer und reaktionsfähiger virtueller Umgebungen. KI-Algorithmen ermöglichen es digitalen Charakteren, Benutzergesten zu erkennen und darauf zu reagieren, wodurch immersivere und interaktivere digitale Realitätsberichte entstehen.

KI unterstützt Content-Ersteller bei der Videobearbeitung, Spezialeffekten und Postproduktion. KI-gestützte Tools können wiederkehrende Aufgaben automatisieren, visuelle Effekte verschönern und Inhalte für verschiedene Plattformen optimieren, wodurch der Content-Erstellungsprozess vereinfacht wird.

KI-Technologien haben sogar den Bereich der Live-Auftritte erreicht. Musiker und Künstler nutzen KI, um interaktive Darbietungen zu erstellen, bei denen KI auf die Eingaben des Publikums reagiert und die Show in Echtzeit beeinflusst.

KI-gestützte virtuelle soziale Strukturen ermöglichen es Kunden, sich in digitalen Umgebungen zu engagieren und Kontakte zu knüpfen. Diese Systeme schaffen Möglichkeiten für virtuelle gesellschaftliche Zusammenkünfte, Aktivitäten und Zusammenarbeit und erweitern das Konzept sozialer Interaktionen über physische Grenzen hinaus.

Die Integration von KI in die Unterhaltung hat die Art und Weise, wie wir Inhalte konsumieren und mit ihnen interagieren, verändert. Von personalisierten Hinweisen über KI-generierte Inhalte bis hin zu virtuellen Charakteren verbessert KI Unterhaltungsberichte und bietet Nutzern ein neues Maß an Interaktivität und Engagement. Mit fortschreitender KI-Entwicklung können wir mit noch aktuelleren und immersiveren Unterhaltungsanalysen rechnen, die die Grenzen der Mensch-KI-Interaktion in der Welt der Unterhaltung neu definieren.

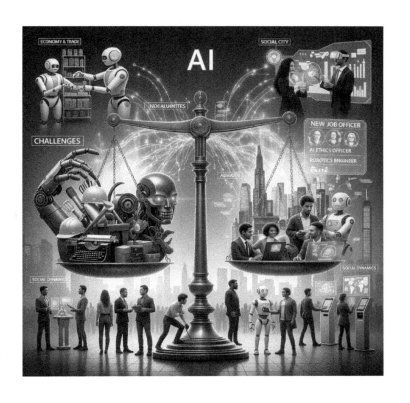

KAPITEL 4

Die gesellschaftlichen Auswirkungen künstlicher Intelligenz

4.1 Die Auswirkungen künstlicher Intelligenz auf den Arbeitsmarkt und die Arbeitslosigkeit

4.1.1 Auswirkungen der Künstlichen Intelligenz auf Berufe und Branchen

Der massive Einsatz künstlicher Intelligenz (KI) verändert Berufe und Branchen weltweit. Die transformativen Fähigkeiten der KI bieten zahlreiche Vorteile, darunter gesteigerte Leistung und Produktivität, verschärfen aber auch die Probleme im Zusammenhang mit der Verlagerung von Arbeitsplätzen und der Veränderung von Arbeitnehmergruppen.

KI-Technologie eignet sich hervorragend zur Automatisierung wiederkehrender und alltäglicher Aufgaben, die keine komplizierte Wunscherfüllung erfordern. Diese Automatisierung beeinflusst zahlreiche Branchen, von der Fertigung und Logistik bis hin zum Kundenservice und der Dateneingabe, und führt zu höherer Leistung und niedrigeren Arbeitskosten.

Die Fähigkeiten der KI zur Statistikanalyse haben tiefgreifende Auswirkungen auf Branchen wie Finanzen, Marketing und Gesundheitswesen. Durch die Verarbeitung riesiger Datenmengen und die Erkennung von Mustern und Tendenzen ermöglicht KI es Experten, statistikbasierte

Entscheidungen zu treffen und so die Ergebnisse und die Mittelzuweisung zu verbessern.

Die Entwicklung KI-gestützter Automatisierung könnte auch zu einer Verlagerung von Arbeitsmethoden in bestimmten Berufen führen. Arbeitnehmer in besonders repetitiven und oft automatisierten Tätigkeiten laufen Gefahr, ihren Arbeitsplatz zu verlieren. Dieser Wandel schafft jedoch auch Möglichkeiten zur Umschulung und Weiterbildung und ermöglicht den Wechsel in neue, die KI-Technologie ergänzende Rollen.

KI kann zwar einige Prozessrollen ersetzen, schafft aber auch neue Möglichkeiten. Entwicklung, Schutz und Implementierung von KI erfordern spezielle Fähigkeiten, was zu einem technologischen Fortschritt in Bereichen führt, die mit KI-Technologien verbunden sind. Neue Bereiche wie KI-Ethik, KI-Beratung und KI-gestützte Kreativität eröffnen neue Karrieremöglichkeiten.

Anstatt den Menschen vollständig zu ersetzen, arbeitet KI oft mit ihm zusammen, um die Produktivität und Entscheidungsfindung zu verbessern. Diese kollaborative Technik ermöglicht es dem Menschen, sich auf Aufgaben zu konzentrieren, die Kreativität, emotionale Intelligenz und komplexe Problemlösungen erfordern, während die KI gleichzeitig alltägliche Aufgaben übernimmt.

Die Auswirkungen von KI auf das Gesundheitswesen sind weitreichend und reichen von KI-gestützten Diagnose- und Behandlungsrichtlinien bis hin zur Vereinfachung administrativer Aufgaben. KI-gestützte medizinische Bildgebungs- und Diagnosegeräte ermöglichen schnellere und genauere Tests und verbessern so die Behandlungsergebnisse einzelner Patienten.

KI verändert Bildung und Bildungspraktiken. KI-gestützte adaptive Lernsysteme ermöglichen personalisierte Lernberichte, die auf die individuellen Wünsche und Fähigkeiten der Schüler eingehen. Darüber hinaus wird KI zunehmend in der betrieblichen Weiterbildung und in Programmen zur beruflichen Weiterentwicklung eingesetzt.

KI prägt innovative Branchen wie Musik, Kunst und Content. KI-generierte Kunstwerke, Musikkompositionen und Algorithmen zur Content-Empfehlung stellen traditionelle Vorstellungen von Kreativität in Frage und erweitern die Grenzen der Mensch-KI-Zusammenarbeit.

KI revolutioniert die Transport- und Logistikbranche durch die Entwicklung autonomer Motoren und optimierter Logistikstrukturen. Die autonome Nutzung von Fahrzeugen und KI-gesteuerten Drohnen verspricht bessere, umweltfreundliche Transport- und Lieferdienste.

Die Integration von KI in verschiedene Berufe und Branchen wirft ethische und regulatorische Fragen auf. Bedenken hinsichtlich des Datenschutzes, der Voreingenommenheit von KI-Algorithmen und des verantwortungsvollen Einsatzes von KI müssen berücksichtigt werden, um eine ehrliche und ethische KI-Implementierung zu gewährleisten.

Die Auswirkungen künstlicher Intelligenz auf Berufe und Branchen sind vielfältig. Während KI-getriebene Automatisierung in einigen Bereichen zu Arbeitsplatzverlagerungen führen kann, schafft sie zugleich neue Möglichkeiten und Bedarf an spezialisierten Kompetenzen. Die Zusammenarbeit zwischen Mensch und KI und die Transformation von Branchen bieten attraktive Möglichkeiten für Leistungssteigerung und Innovation. Angesichts der fortschreitenden KI-Ära müssen Politik, Unternehmen und Arbeitnehmer zusammenarbeiten, um die sich wandelnde Arbeitswelt zu meistern und eine Zukunft zu sichern, in der KI der Gesellschaft und den Arbeitnehmern als Ganzes zugutekommt.

4.1.2 Neue Beschäftigungsmöglichkeiten und Kompetenzwandel

Die rasante Entwicklung der künstlichen Intelligenz (KI) eröffnet eine neue Generation von Prozessmöglichkeiten und Talenttransformation. Da KI-Technologien in der Industrie immer beliebter werden, entstehen Anforderungen an spezialisierte Rollen und erfordern die Entwicklung neuer Fähigkeiten.

Mit der zunehmenden Nutzung von KI in vielfältigen Anwendungen steigt die Nachfrage nach KI-Entwicklern und -

Programmierern. Diese Fachkräfte sind für die Entwicklung, den Aufbau und die Implementierung von KI-Algorithmen und -Strukturen verantwortlich. Expertise in Tool-Learning, Statistik-Technologie und Programmiersprachen wie Python und R sind in dieser Disziplin unerlässlich.

Datenanalysten und -wissenschaftler spielen eine zentrale Rolle im KI-gesteuerten Wirtschaftssystem. Sie sind für die Erfassung, Verarbeitung und Analyse großer Datensätze verantwortlich, um Erkenntnisse zu gewinnen und statistikbasierte Entscheidungen zu unterstützen. Kenntnisse in der Datenmanipulation, statistischen Analyse und Datenvisualisierung sind in diesem Bereich wichtige Fähigkeiten.

Die ethischen Fragen rund um den Einsatz von KI erfordern die Entwicklung von KI-Ethikern und -Experten. Diese Spezialisten sind dafür verantwortlich, dass KI-Systeme ethisch, transparent und ohne die Verstärkung von Vorurteilen funktionieren. Sie spielen eine Schlüsselrolle bei der Entwicklung von Richtlinien und Empfehlungen für einen verantwortungsvollen KI-Einsatz.

Da KI zunehmend mit menschlichem Personal zusammenarbeitet, besteht Bedarf an Experten, die eine effektive Mensch-KI-Interaktion ermöglichen. Diese Spezialisten schließen die Lücke zwischen KI-Technologie und menschlichen Kunden, sorgen für eine nahtlose Integration und maximieren die Vorteile der KI-Mensch-Zusammenarbeit.

Da Unternehmen versuchen, KI für ihren Wettbewerbsvorteil zu nutzen, sind KI-Spezialisten und -Strategen gefragt. Diese Experten beraten Unternehmen bei der KI-Implementierung, analysieren mögliche Einsatzzeiten und begleiten die Integration der KI-Technologie in bestehende Strategien.

Mit der zunehmenden Nutzung von KI steigt auch der Bedarf an Cybersicherheitsexperten. Diese Spezialisten schützen KI-Systeme vor Cyberbedrohungen, gewährleisten den Datenschutz und schützen KI-gestützte Programme vor böswilligen Angriffen.

In der KI-getriebenen Wirtschaft ist die Bereitstellung überzeugender Kundenmeinungen von größter Bedeutung. Customer Experience-Analysten nutzen KI-gestützte Erkenntnisse, um Käufermöglichkeiten und -verhalten zu verstehen und Unternehmen so maßgeschneiderte und maßgeschneiderte Dienstleistungen anzubieten.

KI-gestützte Robotik und Automatisierung revolutionieren Branchen wie Fertigung, Logistik und Gesundheitswesen. Robotik- und Automatisierungsingenieure formatieren, erweitern und warten KI-gesteuerte Roboterstrukturen, um Prozesse zu optimieren und die Leistung zu steigern.

KI beeinflusst auch die Innovationsbranche. Content-Kuratoren und Kreative arbeiten mit KI-Technologien zusammen, um überzeugende Inhalte und maßgeschneiderte

Studien für Kunden zu entwickeln. KI-generierte Kunst, Musik und Content-Elemente stellen traditionelle Vorstellungen von Kreativität in Frage.

Da KI zunehmend in zahlreiche Lebensbereiche integriert wird, besteht ein wachsender Bedarf an Fachkräften, die emotionale Intelligenz in Mensch-KI-Interaktionen beherrschen. Experten für emotionale Intelligenz helfen bei der Entwicklung von KI-Systemen, die sich in menschliche Gefühle hineinversetzen und angemessen darauf reagieren können.

Der zunehmende Einsatz von KI erfordert eine Verschiebung der von den Mitarbeitern geforderten Kompetenzen. Mit der Automatisierung regelmäßiger Aufgaben werden Fähigkeiten, die KI-Technologien ergänzen, immer stärker anerkannt. Fähigkeiten wie emotionale Intelligenz, kritisches Hinterfragen, Kreativität, Problemlösung, Anpassungsfähigkeit und komplexe Konversation gewinnen an Wert, da sie für KI schwer zu replizieren sind.

Das KI-getriebene Finanzsystem schafft neue Beschäftigungsmöglichkeiten und verändert die Kompetenzanforderungen in der Industrie. KI-Entwickler, Datenanalysten, Ethiker und Spezialisten für die Mensch-KI-Kollaboration gehören zu den neuen Rollen, die als Reaktion auf die Integration von KI entstehen. Darüber hinaus gewinnen Fähigkeiten wie emotionale Intelligenz, Kreativität und die Fähigkeit zur komplexen Problemlösung an

Bedeutung, da sie die Mensch-KI-Kollaboration verbessern und die KI-Entwicklung ergänzen. Die Förderung des Kompetenzwandels und die Förderung von Wissen in KI-bezogenen Bereichen sind für Menschen und Unternehmen unerlässlich, die in der sich entwickelnden Prozessbranche, die mithilfe von KI-Technologien gestaltet wird, erfolgreich sein wollen.

4.2 Die Rolle der Künstlichen Intelligenz in Wirtschaft und Handel

4.2.1 Auswirkungen künstlicher Intelligenz auf Produktion und Effizienz

Künstliche Intelligenz (KI) revolutioniert Produktionstechniken und sorgt in verschiedenen Branchen für erhebliche Effizienzsteigerungen. Von der Rationalisierung von Fertigungsabläufen bis hin zur Optimierung der Lieferkettensteuerung haben die transformativen Fähigkeiten der KI einen tiefgreifenden Einfluss auf die Produktivität und die normale Betriebsleistung.

KI ermöglicht eine fortschrittliche Automatisierung von Produktionsabläufen. Roboter und KI-gesteuerte Maschinen können komplexe Aufgaben präzise und schnell ausführen, wodurch der Bedarf an menschlichen Eingriffen bei sich wiederholenden und riskanten Aufgaben reduziert wird. Diese Automatisierung führt zu höheren Produktionskosten, weniger Fehlern und einer höheren Sicherheit am Arbeitsplatz.

KI-gestützte, prädiktive Sicherheitssysteme überwachen Geräte und Anlagen in Echtzeit und analysieren Daten, um Funktionsausfälle frühzeitig zu erkennen. Durch die proaktive Ermittlung des Wartungsbedarfs können Unternehmen Ausfallzeiten reduzieren, Sicherheitspläne optimieren und die Lebensdauer ihrer Anlagen verlängern.

KI optimiert die Lieferkettensteuerung durch die Auswertung großer Datenmengen, um präzise Bedarfsprognosen zu erstellen, Lagerbestände zu optimieren und die umweltfreundlichsten Transportrouten zu ermitteln. Diese Erkenntnisse helfen Unternehmen, Lieferzeiten zu verkürzen, Lagerpreise zu manipulieren und die allgemeine Lieferkettenleistung zu verbessern.

KI-gestützte Kontrollsysteme können Produkte und Materialien mit höchster Präzision prüfen und dabei Mängel und Abweichungen von hohen Standards erkennen. Die frühzeitige Erkennung von Mängeln reduziert Abfall und stellt sicher, dass nur die besten Produkte auf den Markt kommen. Dies steigert den Kundenstolz und die Markenbekanntheit.

KI-Algorithmen analysieren Produktionsdaten und Markttrends, um die Mittelzuweisung und Produktionsplanung zu optimieren. Unternehmen können Produktionspläne, Lagerbestände und die Personalzuweisung in Echtzeit regulieren und so optimal auf veränderte Anforderungen und Marktbedingungen reagieren.

KI führt eine eingehende Bewertung von Produktionsstrategien durch und identifiziert Bereiche, die weiterentwickelt und optimiert werden können. Durch die Optimierung von Arbeitsabläufen und die Beseitigung von Ineffizienzen können Unternehmen ihre Produktivität steigern und die Produktionskosten senken.

KI trägt zur Energieeffizienz in der Produktion bei, indem sie den Stromverbrauch optimiert und die Ressourcen optimal nutzt. Intelligente Energiemanagementsysteme, die auf KI-Algorithmen basieren, sorgen für eine effiziente Energienutzung und senken so Betriebskosten und Umweltbelastung.

KI-gesteuerte Fertigungsstrukturen ermöglichen die Massenanpassung und Personalisierung von Produkten. Durch die Analyse von Käuferalternativen und -statistiken können Unternehmen Produkte an die individuellen Wünsche der Kunden anpassen und so die Zufriedenheit und Loyalität der Kunden steigern.

KI beschleunigt die Produktentwicklung und den Innovationsprozess. Durch die Analyse von Markttrends und Kundenmeinungen können Unternehmen neue Produkte schnell entwickeln und auf den Markt bringen und sich so durch eine schnellere Markteinführung einen Wettbewerbsvorteil verschaffen.

Das Forschungs- und Anpassungspotenzial von KI über die Jahre hinweg fördert die kontinuierliche Verbesserung von

Fertigungsprozessen. KI-Strukturen analysieren Statistiken und allgemeine Leistungskennzahlen und identifizieren Verbesserungs- und Optimierungsmöglichkeiten, die zu kontinuierlichen Verbesserungen der Produktionsleistung führen.

Die Auswirkungen von KI auf Produktion und Leistung sind weitreichend und transformativ. Von fortschrittlicher Automatisierung und prädiktivem Schutz bis hin zu Lieferkettenoptimierung und Energieeffizienz bietet KI-Technologie in vielen Branchen erhebliche Vorteile. Durch den Einsatz von KI zur Optimierung von Produktionsstrategien und Ressourcenallokation können Unternehmen ihre Produktivität steigern, Kosten senken und auf dem dynamischen und schnelllebigen globalen Markt wettbewerbsfähig bleiben. Die Nutzung KI-gestützter Lösungen ist für Unternehmen, die im digitalen Zeitalter erfolgreich sein und die volle Funktionalität von KI nutzen möchten, um die Produktion und operative Exzellenz voranzutreiben, von entscheidender Bedeutung.

4.2.2 Einsatz von Künstlicher Intelligenz in Handel und Marketing

Künstliche Intelligenz (KI) verändert die Welt des Handels und Marketings und revolutioniert die Art und Weise, wie Unternehmen mit Kunden interagieren, informationsbasierte Entscheidungen treffen und

Marketingstrategien optimieren. Durch den Einsatz KI-gestützter Technologien können Unternehmen wertvolle Erkenntnisse gewinnen, maßgeschneiderte Berichte erstellen und ihre Wettbewerbsposition stärken.

KI ermöglicht es Unternehmen, große Mengen an Kundendaten zu analysieren, darunter Kaufstatistiken, Kaufgelegenheiten und Online-Interaktionen. Durch den Einsatz von Machine-Learning-Algorithmen können Unternehmen wertvolle Einblicke in das Kundenverhalten gewinnen und Muster und Trends erkennen, die für gezielte Marketingstrategien hilfreich sind.

KI-gestützte Beratungsmaschinen liefern einzelnen Kunden basierend auf ihren Entscheidungen und früheren Interaktionen maßgeschneiderte Inhalte und Produktempfehlungen. Dieser Grad der Personalisierung steigert die Kundenbindung und erhöht die Wahrscheinlichkeit von Konversionen und Folgeaufträgen.

KI-gestützte Chatbots und virtuelle Assistenten bieten Kundensupport und -hilfe in Echtzeit. Durch die sofortige Beantwortung von Kundenanfragen und Problemlösungen können Unternehmen die Kundenzufriedenheit steigern und das allgemeine Einkaufserlebnis verbessern.

Die KI-Generierung unterstützt den Vertrieb und die Lead-Generierung, indem sie potenzielle Kunden identifiziert, die mit größerer Wahrscheinlichkeit konvertieren. Durch prädiktive Analysen können Unternehmen Leads priorisieren,

Verkaufstrichter optimieren und ihre Werbe- und Marketingbemühungen auf hochwertige Gelegenheiten ausrichten.

KI-gestützte Preisalgorithmen berücksichtigen Marktbedingungen, Wettbewerbspreise und Käufernachfrage, um die Produktpreise zu optimieren. Dynamische Preisstrategien auf Basis von Echtzeitdaten helfen Unternehmen, wettbewerbsfähig zu bleiben und den Umsatz zu maximieren.

KI-Tools unterstützen Social-Media-Plattformen dabei, Markenerwähnungen und die Kundenstimmung zu erfassen. Mithilfe der Stimmungsanalyse können Unternehmen die öffentliche Wahrnehmung einschätzen, Kundenprobleme identifizieren und direkt auf Kommentare und Bedenken reagieren.

KI-Generationen können Inhalte wie Artikel, Produktbeschreibungen und Social-Media-Beiträge erstellen. Content-Curation-Algorithmen kuratieren zudem relevante Inhalte aus verschiedenen Quellen, um Zielgruppen anzusprechen und die Konzeptkontrolle zu fördern.

KI ermöglicht es Unternehmen, ihre SEO-Strategien durch die Analyse von Suchmaschinenalgorithmen und Kundenverhalten zu verbessern. KI-gesteuerte SEO-Tools liefern wertvolle Erkenntnisse zur Optimierung von Website-Inhalten und zur Verbesserung der Suchmaschinen-Rankings.

KI-gestützte E-Mail- Marketingsysteme nutzen maschinelles Lernen, um das Käuferverhalten zu analysieren und E-Mail-Kampagnen zu optimieren. Diese Systeme können den besten Zeitpunkt für den E-Mail-Versand vorschlagen, Inhalte personalisieren und die Öffnungs- und Klickraten von E-Mails verbessern.

KI optimiert Marktstudien durch die Nutzung von Daten aus verschiedenen Quellen. KI-gestützte Tools zur Wettbewerbsanalyse liefern Teams wertvolle Informationen über die Strategien der Konkurrenz und Marktentwicklungen.

Der Einsatz von KI in Handel und Marketing bietet Unternehmen, die im digitalen Zeitalter erfolgreich sein wollen, enorme Vorteile. Durch die Nutzung von KI-Technologie für Kundeneinblicke, personalisiertes Marketing, Chatbot-Support und Preisoptimierung können Unternehmen Kundenreferenzen verbessern, ihren Umsatz steigern und sich einen Wettbewerbsvorteil verschaffen. KI-Anwendungen in Content-Entwicklung, Suchmaschinenmarketing, E-Mail-Marketing und Marktforschung bieten Unternehmen zudem wertvolle Tools, um Markttrends voraus zu sein und sich an verändertes Kundenverhalten anzupassen. Der Einsatz von KI-gestützten Lösungen in Handel und Marketing ist für Unternehmen, die in einem zunehmend datengetriebenen und wettbewerbsintensiven Markt relevant und erfolgreich bleiben wollen, von entscheidender Bedeutung.

4.3 Mögliche Veränderungen der sozialen Dynamik durch künstliche Intelligenz

4.3.1 Soziale Wahrnehmung und Interaktion mit Künstlicher Intelligenz

Da künstliche Intelligenz (KI) immer stärker in unseren Alltag integriert wird, entwickeln sich auch unsere Wahrnehmung und Interaktion mit KI weiter. KI-gestützte Technologien, darunter virtuelle Assistenten und Chatbots, werden immer häufiger eingesetzt und prägen die Art und Weise, wie wir mit Maschinen interagieren und sie wahrnehmen.

Eine der faszinierendsten Eigenschaften der Mensch-KI-Interaktion ist die Tendenz zur Vermenschlichung von KI-Strukturen. Wenn KI-virtuelle Assistenten oder Chatbots in ihren Interaktionen menschenähnliche Funktionen aufweisen, können Menschen auch eine emotionale Bindung zu ihnen aufbauen. Diese emotionale Verbindung kann dazu führen, dass Nutzer KI als mehr als nur ein Gerät betrachten und den Maschinen menschenähnliche Eigenschaften und Persönlichkeiten zuschreiben.

Die soziale Wahrnehmung von KI wird durch das Vertrauen und die Zuverlässigkeit der Nutzer in diese Systeme beeinflusst. Da KI-Technologien immer moderner werden und präzise Antworten liefern, neigen Nutzer dazu, sich bei verschiedenen Aufgaben auf sie zu verlassen, was auf ein erhöhtes Vertrauen in ihre Fähigkeiten zurückzuführen ist.

Da KI zunehmend in Strategien zur Wunschfindung eingebunden wird, spielen ethische und moralische Fragen eine Rolle. Nutzer und die Gesellschaft insgesamt setzen sich mit Fragen der KI-Ethik auseinander, darunter die Verantwortung für KI-Aktionen, die Voreingenommenheit von KI-Algorithmen und die moralischen Auswirkungen KI-gestützter Entscheidungen.

Die zunehmende Integration von KI in verschiedenen Branchen verstärkt die Sorge um die Verlagerung von Methoden und die Auswirkungen auf die Fähigkeiten der Mitarbeiter. Manche Menschen sehen KI als Gefahr für die Arbeitsplatzsicherheit und befürchten, dass KI menschliche Mitarbeiter in bestimmten Rollen ersetzen könnte.

Positive Nutzerstudien mit KI-Technologie stärken das soziale Vertrauen und den Ruf. KI-Systeme, die maßgeschneiderte Interaktionen ermöglichen und auf individuelle Entscheidungen reagieren, werden von den Nutzern eher positiv aufgenommen.

Die Zusammenarbeit zwischen Mensch und KI gewinnt an Bedeutung, da KI zunehmend in verschiedene Bereiche der Arbeit und des täglichen Lebens integriert wird. Anstatt KI als Ersatz für menschliche Fähigkeiten zu betrachten, verlagert sich der Fokus zunehmend darauf, wie Mensch und KI zusammenarbeiten können, um bessere Ergebnisse zu erzielen.

Die gesellschaftlichen Auswirkungen von KI sind Gegenstand anhaltender Diskussionen. Da KI-Technologie zahlreiche Aspekte der Gesellschaft beeinflusst, darunter Privatsphäre, Sicherheit und Gesundheitsversorgung, wird die Wahrnehmung von KI durch die wahrgenommenen Vorteile und Gefahren, die sie mit sich bringt, beeinflusst.

KI-Systeme können unbeabsichtigt Vorurteile in den zu ihrer Entwicklung verwendeten Daten aufrechterhalten. Das Bewusstsein für KI-Vorurteile hat zu einer verstärkten Überprüfung der KI-Technologie und zu einem Ruf nach Gerechtigkeit und Transparenz bei ihrer Entwicklung und ihrem Einsatz geführt.

KI-Technologien, die emotionale Unterstützung oder Kameradschaft simulieren, wie beispielsweise digitale Haustiere oder Chatbots, können die soziale Wahrnehmung von KI durch den Menschen beeinflussen. Diese Strukturen können Trost und Kameradschaft bieten, insbesondere für Menschen, die sich einsam oder isoliert fühlen.

Die Förderung von Bildung und Interesse an den Kompetenzen und Grenzen von KI ist wichtig für die Gestaltung der gesellschaftlichen Wahrnehmung. Je besser die Menschen über KI-Technologie informiert sind, desto besser sind sie in der Lage, sich sinnvoll und verantwortungsvoll mit KI-Systemen auseinanderzusetzen.

Der soziale Glaube und die Interaktion mit künstlicher Intelligenz sind vielfältig und entwickeln sich ständig weiter. Da

KI-Technologie immer stärker in unser Leben integriert wird, wird die Art und Weise, wie wir KI wahrnehmen und mit ihr umgehen, unsere Beziehung zu diesen intelligenten Systemen weiterhin prägen. Die Förderung ethischer Bedenken, die Förderung positiver Nutzerbewertungen und die Förderung der Zusammenarbeit zwischen Mensch und KI sind entscheidend für ein harmonisches und produktives Zusammenleben zwischen Menschen und der KI-Technologie in der Gesellschaft.

4.3.2 Kulturelle und soziale Normen, die durch künstliche Intelligenz beeinflusst werden

Künstliche Intelligenz (KI) verändert nicht nur Industrie und Technologie, sondern hat auch einen erheblichen Einfluss auf kulturelle und soziale Normen. Da die KI-Technologie immer stärker in unseren Alltag integriert wird, prägt sie die Art und Weise, wie wir interagieren, kommunizieren und die Welt um uns herum wahrnehmen.

KI-gestützte Kommunikationstools wie Chatbots und virtuelle Assistenten verändern die Art und Weise, wie wir mit Technologie und anderen interagieren. Immer mehr Menschen führen Konversationsinteraktionen mit KI durch, die die Kommunikationsnormen in zahlreichen Kontexten neu definieren kann.

Die Fähigkeit der KI, große Mengen an Statistiken zu analysieren, hat Bedenken hinsichtlich des Datenschutzes und der Weitergabe von Daten geweckt. Während KI-Systeme persönliche Statistiken sammeln und verarbeiten, werden kulturelle Normen in Bezug auf Datenschutz und Einwilligung durch den Wunsch nach einem verantwortungsvollen Datenmanagement neu bewertet und gestaltet.

Die Automatisierung wichtiger Aufgaben mithilfe der KI-Technologie beeinflusst die traditionelle Balance zwischen Arbeit und Freizeit. Da repetitive und alltägliche Aufgaben von der KI übernommen werden, kommt es zu einer deutlichen Verschiebung gesellschaftlicher Normen in Bezug auf Arbeitszeit, Freizeit und die Kosten menschlicher Arbeit.

Die Integration von KI in verschiedene Technologien fördert die Zugänglichkeit und Inklusivität. KI-gestützte Geräte sowie Spracherkennungs- und Text-to-Speech-Anwendungen ermöglichen Menschen mit Behinderungen den Zugriff auf Daten und eine umfassendere Teilhabe am gesellschaftlichen Leben.

KI-gesteuerte Inhaltskuratierung und Empfehlungsalgorithmen bestimmen, welchen Informationen und Inhalten Nutzer online ausgesetzt sind. Dies kann zu Echokammern führen und kulturelle Normen beeinflussen, indem bestehende Ideale und Vorstellungen verstärkt werden.

Da KI-Technologien innovative Werke hervorbringen, darunter Kunst und Musik, entwickeln sich kulturelle Normen rund um Kreativität und Urheberschaft weiter. Es gibt Debatten über die Rolle von KI im revolutionären Ausdruck und ihre Auswirkungen auf die Kunst- und Unterhaltungsindustrie.

KI-Systeme können unbeabsichtigt Verzerrungen in den Daten, auf denen sie basieren, aufrechterhalten. Dies hat Diskussionen über kulturelle Vorurteile in KI-Algorithmen und den Wunsch nach Fairness und Inklusivität in der KI-Entwicklung ausgelöst.

Mit der zunehmenden Moderne der KI-Generation entwickelt sich auch das Vertrauen der Gesellschaft in diese Systeme. Die kulturellen Normen, sich bei Entscheidungen auf KI zu verlassen und KI-generierte Hinweise zu akzeptieren, verändern sich ständig.

Die zunehmende Präsenz von KI in verschiedenen Lebensbereichen wirft Fragen zum Charakter der Mensch-KI-Beziehungen auf. Da KI-Technologien interaktiver und menschenähnlicher werden, werden kulturelle Normen für soziale Interaktionen mit KI neu definiert.

Die Integration von KI in die Bildung verändert unsere Herangehensweise an Lernen und Wissenserwerb. KI-gestützte adaptive Lernstrukturen berücksichtigen die traditionellen Normen des Klassenzimmerunterrichts und ermöglichen so eine individuelle Anpassung des Lernprozesses an die individuellen Bedürfnisse der Schüler.

Künstliche Intelligenz verändert kulturelle und soziale Normen auf vielfältige Weise – von unserer Art zu kommunizieren und zu interagieren bis hin zu unserem Wert für Privatsphäre und Kreativität. Da die KI-Technologie weiter voranschreitet, ist es für die Gesellschaft wichtig, sich kontinuierlich an Diskussionen über die ethischen, kulturellen und sozialen Auswirkungen von KI zu beteiligen. Die Schaffung verantwortungsvoller Leitlinien und die Förderung des Bewusstseins für die kulturellen Auswirkungen von KI tragen dazu bei, eine Zukunft zu gestalten, in der diese intelligente Technologie tatsächlich einen Beitrag zu unserer kulturellen Landschaft und unseren gesellschaftlichen Normen leistet.

KAPITEL 5

Ethik und Künstliche Intelligenz

5.1 Ethische Fragen und Verantwortlichkeiten im Zusammenhang mit künstlicher Intelligenz

5.1.1 Ethische Entscheidungsprozesse in der Künstlichen Intelligenz

Ethische Entscheidungen sind ein wesentlicher Faktor für die verantwortungsvolle Entwicklung und den Einsatz von Systemen der künstlichen Intelligenz (KI). Da KI-Technologien zunehmend in zahlreiche Bereiche der Gesellschaft integriert werden, ist die Auseinandersetzung mit ethischen Fragen wichtig, um sicherzustellen, dass KI weiterentwickelt und im Einklang mit menschlichen Werten und dem gesellschaftlichen Wohl eingesetzt wird.

KI-Entwickler und -Forscher nutzen ethische Rahmenbedingungen als Leitstandards für den Entscheidungsprozess. Diese Rahmenbedingungen können auch Standards wie Gerechtigkeit, Transparenz, Verantwortung, Datenschutz und Schadensvermeidung umfassen. Durch die Einhaltung solcher Rahmenbedingungen wollen KI-Praktiker Systeme schaffen, die ethischen Standards entsprechen.

Der Prozess der ethischen Präferenzbildung in der KI beinhaltet die Berücksichtigung unterschiedlicher Ansichten und Inputs. Die Einbeziehung von Stakeholdern mit unterschiedlichem Hintergrund, darunter Ethiker, politische

Entscheidungsträger, Experten und betroffene Gruppen, stellt sicher, dass ein breites Spektrum an Standpunkten berücksichtigt wird.

Ethische KI-Entwicklung beinhaltet die Wahrung des Datenschutzes und die Einholung der Einwilligung von Menschen, deren Daten zum Trainieren von KI-Modellen verwendet werden. Die Gewährleistung einer verantwortungsvollen und transparenten Datenerfassung und - nutzung ist entscheidend für die Wahrung des Vertrauens in KI-Systeme.

KI-Algorithmen können unbeabsichtigt Verzerrungen in den für die Bildung verwendeten Statistiken aufrechterhalten. Ethische Auswahlverfahren umfassen kontinuierliche Bemühungen, Verzerrungen in KI-Systemen zu verstehen und zu mildern, um Gerechtigkeit und Gleichheit in ihren Ergebnissen zu gewährleisten.

Ethische KI erfordert, dass der Entscheidungsprozess von KI-Strukturen erklärbar und transparent ist. Nutzer und Stakeholder müssen verstehen können, wie die KI zu einer bestimmten Auswahl oder Empfehlung gelangt ist, um Vertrauen und Verantwortung zu fördern.

Ethische KI-Entscheidungen betonen die Bedeutung menschlicher Aufsicht und Kontrolle über KI-Strukturen. Menschen müssen die Möglichkeit behalten, in KI-Entscheidungen einzugreifen und diese zu überstimmen, insbesondere in kritischen Kontexten wie dem Gesundheitswesen und autonomen Fahrzeugen.

KI-Ethik ist ein fortlaufender Prozess, der eine kontinuierliche Überwachung und Bewertung von KI-Systemen erfordert. Regelmäßige Kontrollen stellen sicher, dass KI-Technologien mit den ethischen Anforderungen im Einklang stehen, während sich gesellschaftliche Normen und Werte weiterentwickeln.

Vor dem Einsatz von KI-Strukturen ist die Durchführung von Moral-Effect-Checks unerlässlich. Diese Bewertungen untersuchen die möglichen moralischen Auswirkungen, Risiken und gesellschaftlichen Folgen von KI-Paketen und ermöglichen so fundierte Entscheidungen.

KI-Entwickler und -Implementierer müssen bei ihrer moralischen Entscheidungsfindung kulturelle Unterschiede und Kontexte berücksichtigen. Was in einem kulturellen Umfeld als moralisch angesehen werden kann, ist in keinem anderen anwendbar. Daher ist die Achtung kultureller Vielfalt von entscheidender Bedeutung.

Die Zusammenarbeit zwischen KI-Entwicklern, politischen Entscheidungsträgern und dem weiteren Netzwerk ist entscheidend, um ethisch anspruchsvolle Situationen gemeinsam zu bewältigen. Die Etablierung von Verantwortungsmechanismen stellt sicher, dass ethische Standards im gesamten KI-Lebenszyklus eingehalten werden.

Ethische Entscheidungsfindungstechniken sind für die verantwortungsvolle Entwicklung und den Einsatz künstlicher Intelligenz unerlässlich. Durch die Einhaltung ethischer Rahmenbedingungen, die Berücksichtigung unterschiedlicher Perspektiven und die Berücksichtigung von Bedenken wie Datenschutz, Voreingenommenheit und Transparenz können KI-Praktiker KI-Systeme entwickeln, die ethischen Werten und gesellschaftlichen Erwartungen entsprechen. Der kontinuierliche Vergleich und die Überwachung von KI-Systemen sowie die Teilnahme an ethischen Folgenabschätzungen sind unerlässlich, um sicherzustellen, dass KI-Technologie einen sicheren Beitrag zur Gesellschaft leistet und gleichzeitig potenzielle Risiken und belastende Situationen minimiert. Die Berücksichtigung ethischer Praktiken in der KI-Entwicklung ist wichtig, um eine Zukunft zu gestalten, in der KI-Technologie das menschliche Wohlbefinden fördert und zu einer integrativeren und gerechteren Gesellschaft beiträgt.

5.1.2 Herausforderungen im Zusammenhang mit Voreingenommenheit und Diskriminierung

Eines der größten ethischen Probleme im Zusammenhang mit künstlicher Intelligenz (KI) ist das Vorhandensein von Voreingenommenheit und Diskriminierung in KI-Systemen. Trotz der Fähigkeit der KI, unabhängige Entscheidungen zu treffen, können KI-

Algorithmen unbeabsichtigt gesellschaftliche Vorurteile in den Daten, die zu ihrer Ausbildung verwendet werden, aufrechterhalten oder sogar verstärken.

KI-Algorithmen nutzen historische Aufzeichnungen, die auch historische Vorurteile und Ungleichheiten widerspiegeln können. Sind die schulischen Daten verzerrt, kann das KI-Tool diese Vorurteile widerspiegeln und verstärken, was zu diskriminierenden Effekten führt.

Algorithmische Verzerrungen beziehen sich auf Verzerrungen, die sich aus der Form und dem Layout von KI-Algorithmen ergeben. Selbst wenn die Bildungsdaten unvoreingenommen sind, können die Algorithmen selbst aufgrund ihrer Art der Interpretation und Verarbeitung von Informationen Verzerrungen verursachen.

KI-Systeme können Entscheidungen treffen, die bestimmte Organisationen oder Einzelpersonen aufgrund von Merkmalen wie Rasse, Geschlecht, Alter oder sozioökonomischem Status unverhältnismäßig stark benachteiligen. Diskriminierende Auswirkungen können durch voreingenommene Bildungsdaten oder algorithmische Entscheidungen entstehen.

Die mangelnde Vielfalt unter KI-Entwicklern und -Forschern kann zu blinden Flecken bei der Erkennung und Bekämpfung von Voreingenommenheit führen. Unterschiedliche Ansichten sind für die Entwicklung wahrheitsgetreuer und gerechter KI-Strukturen unerlässlich.

Blackfield-KI-Strukturen, bei denen der Auswahlprozess nicht offensichtlich ist, können es schwierig machen, Verzerrungen zu erkennen und zu bewältigen. Die fehlende Erklärbarkeit erschwert das Verständnis, wie die KI zu bestimmten Entscheidungen gelangt ist.

Voreingenommene KI-Systeme können Rückkopplungsschleifen erzeugen, in denen diskriminierende Effekte weitere Voreingenommenheit in den Schulunterlagen aufrechterhalten. Dieser Kreislauf kann zu einer ununterbrochenen Verstärkung der Voreingenommenheit gegenüber Geschenken führen.

KI-Systeme können außerdem Schwierigkeiten haben, sich an den nuancierten Kontext bestimmter Entscheidungen zu erinnern, was zu voreingenommenen Urteilen führen kann. Dieselbe Entscheidung in einem sehr guten Kontext kann zu brillanten Ergebnissen führen, was zu Inkonsistenzen und Leistungsungleichheit führt.

Datenmangel oder eine schlechte Datenqualität in hochwertigen Unternehmen können zu Unterrepräsentation führen und Verzerrungen weiter verstärken. Unzureichende Beispiele können zu verzerrten KI-Modellen führen.

KI-Systeme berücksichtigen Intersektionalität – die Überschneidung mehrerer sozialer Identitäten, die Rasse, Geschlecht und sozioökonomischen Status umfasst – möglicherweise nicht ausreichend. Das Versäumnis, sich an

Intersektionalität zu erinnern, kann zu verstärkter Voreingenommenheit führen.

Die unerwartete Entwicklung der KI-Technologie stellt Regulierungsbehörden und politische Entscheidungsträger vor Herausforderungen bei der Bekämpfung von Voreingenommenheit und Diskriminierung. Die Schaffung wirksamer Vorschriften, die ethische KI-Praktiken gewährleisten und gleichzeitig Innovationen nicht behindern, erfordert sorgfältige Überlegungen.

Die Verwendung vielfältiger und repräsentativer Daten während des gesamten KI-Trainings kann dazu beitragen, Voreingenommenheit zu reduzieren und gerechtere Ergebnisse sicherzustellen.

Die Entwicklung von Algorithmen und Tools zur Erkennung und Minderung von Verzerrungen ist von entscheidender Bedeutung. Techniken, die antagonistisches Training und Algorithmen zur Entzerrung von Verzerrungen beinhalten, können dazu beitragen, Verzerrungen in KI-Modellen zu reduzieren.

Die Förderung der Entwicklung erklärbarer KI-Modelle kann die Transparenz erhöhen und ein besseres Verständnis der KI-Entscheidungen ermöglichen.

Durch die Schaffung unternehmensweiter ethischer Empfehlungen und Anforderungen für die Entwicklung und den Einsatz von KI können verantwortungsvolle KI-Praktiken gefördert werden.

Indem sichergestellt wird, dass KI Kunstwerke in Zusammenarbeit mit menschlicher Aufsicht strukturiert, kann dazu beigetragen werden, kontextuelle Verzerrungen zu bewältigen und komplexe Entscheidungen gerechter zu gestalten.

Die regelmäßige Bewertung von KI-Strukturen auf Voreingenommenheit und die Durchführung von Audits können dazu beitragen, Voreingenommenheit im Laufe der Jahre zu erkennen und zu bewältigen.

Durch die Förderung der Vielfalt in KI-Entwicklungsorganisationen können konkrete Perspektiven auf den Tisch gebracht werden, die zu robusteren und ehrlicheren KI-Systemen führen.

Die Einbindung betroffener Unternehmen und Interessengruppen in die Entwicklung und Bereitstellung von KI-Strukturen kann dazu beitragen, Funktionsverzerrungen zu verstehen und sicherzustellen, dass KI allen Benutzern zugutekommt.

Durch die Durchführung von Bewertungen der moralischen Auswirkungen vor dem Einsatz von KI-Systemen können Fähigkeitsverzerrungen und Diskriminierungsgefahren eingedämmt werden.

Durch die Implementierung von Kundenkommentarmechanismen können Kunden voreingenommene Konsequenzen aufzeichnen und so zur kontinuierlichen Verbesserung von KI-Systemen beitragen.

Die Auseinandersetzung mit Vorurteilen und Diskriminierung in der KI ist entscheidend für den Aufbau fairer und gerechter KI-Strukturen. Durch die Bereitstellung vielfältiger und repräsentativer Daten, den Einsatz von Techniken zur Erkennung und Minderung von Vorurteilen sowie die Förderung von Transparenz und menschlicher Kontrolle können wir einer ethischeren und faireren KI-Entwicklung näher kommen. Die Zusammenarbeit von Interessengruppen wie KI-Entwicklern, Forschern, politischen Entscheidungsträgern und betroffenen Gemeinschaften ist entscheidend, um diese Herausforderungen zu meistern und eine Zukunft zu schaffen, in der KI allen Menschen zugutekommt und gesellschaftliche Ungleichheiten nicht fortbestehen.

5.2 Die Beziehung zwischen künstlicher Intelligenz und Datenschutz

5.2.1 Datenerhebung und Datenschutz

Die Datenerfassung ist die Grundlage für Systeme der künstlichen Intelligenz (KI), die es ihnen ermöglichen, zu analysieren, anzupassen und fundierte Entscheidungen zu treffen. Die umfangreiche Sammlung und Verarbeitung personenbezogener Daten wirft jedoch große Probleme hinsichtlich der Privatsphäre und des Datenschutzes auf.

KI-Strukturen sind auf enorme Datenmengen angewiesen, um effizient zu funktionieren. Da immer mehr Statistiken von Menschen gesammelt werden, gibt es Bedenken hinsichtlich des Umfangs der Datenerfassung und möglicher Eingriffe in die Privatsphäre.

KI verarbeitet häufig personenbezogene Daten wie Namen, Adressen, Finanzdaten und Gesundheitsdaten. Der Umgang mit derart sensiblen Daten erfordert strenge Datenschutzvorkehrungen, um unbefugten Zugriff oder Missbrauch zu verhindern.

Die Aggregation großer Datensätze birgt die Gefahr von Datendiebstählen und Cyberangriffen, die zur Offenlegung sensibler Daten und zu Verletzungen des Datenschutzes führen können.

In manchen Fällen sind Menschen möglicherweise nicht wirklich in den Besitz der über sie gesammelten Daten eingeweiht oder haben keine informierte Zustimmung zu deren Verwendung in KI-Systemen gegeben.

KI-gestützte Algorithmen können gezielte Profile von Menschen erstellen, was zu invasiver gezielter Werbung und Manipulation des Kundenverhaltens führen kann.

Der Einsatz von KI in der Überwachungstechnologie verschärft die Probleme im Zusammenhang mit der Überwachung durch die Behörden und möglichen Verstößen gegen bürgerliche Freiheiten und Menschenrechte.

Die Zentralisierung von Daten in den Händen einiger mächtiger Einheiten kann zu Datenmonopolen führen und die Kontrolle der Benutzer über ihre privaten Aufzeichnungen einschränken.

Selbst wenn Daten anonymisiert sind, können sie durch Reidentifizierungstechniken auch wieder bestimmten Personen zugeordnet werden, was eine Gefahr für die Privatsphäre darstellt.

Globale Datenströme im Bereich der KI stellen hohe Anforderungen an die Einhaltung unterschiedlicher Datenschutzrichtlinien in verschiedenen Ländern.

Der moralische Umgang mit Daten ist von entscheidender Bedeutung, um sicherzustellen, dass KI-Systeme nicht das Maximum herausholen oder Menschen durch den Missbrauch personenbezogener Daten schaden.

Durch die Einführung von Verfahren zur Datenminimierung wird sichergestellt, dass nur die wichtigsten und relevantesten Daten erfasst werden, wodurch das Risiko von Datenschutzverletzungen verringert wird.

Die Berücksichtigung von Datenschutzbedenken von Beginn an bei der Entwicklung von KI-Systemen an ermöglicht die Integration von Datenschutzmaßnahmen in den Design- und Entwicklungsprozess.

Durch die Einholung einer informierten Einwilligung von Einzelpersonen zur Erfassung und Verwendung von Informationen wird Transparenz gewährleistet und Kunden werden in die Lage versetzt, fundierte Entscheidungen bezüglich ihrer Daten zu treffen.

Durch die Implementierung starker Anonymisierungs- und Verschlüsselungsstrategien können sensible Datensätze vor unbefugtem Zugriff geschützt werden.

Durch die Einhaltung von Datenschutzbestimmungen und Unternehmensstandards wird sichergestellt, dass KI-Systeme strafrechtliche und ethische Datenschutzstandards einhalten.

Indem Sie Ihren Kunden zusätzliche Kontrolle über ihre Daten und die Möglichkeit geben, ihre Datenschutzeinstellungen zu verwalten, vermitteln Sie ihnen ein Gefühl von Selbstbestimmung und Vertrauen.

Durch regelmäßige Datenschutzprüfungen können Schwachstellen im Funktionsumfang von KI-Systemen erkannt und behoben werden.

Durch die Sensibilisierung der Öffentlichkeit für die Praktiken der Datenerfassung und die damit verbundenen Datenschutzrisiken werden die Menschen in die Lage versetzt, ihre Datenschutzrechte zu schützen.

Durch die Förderung kollaborativer Datenverwaltungsrahmen zwischen zahlreichen Interessengruppen kann eine verantwortungsvolle und ethische Datennutzung sichergestellt werden.

Durch die Durchführung von Datenschutzfolgenabschätzungen für KI-Projekte können potenzielle Datenschutzrisiken untersucht und die Entwicklung datenschutzrelevanter Lösungen unterstützt werden.

Die Datenerfassung ist für das Funktionieren von KI-Systemen von entscheidender Bedeutung, wirft aber auch erhebliche Herausforderungen hinsichtlich des Datenschutzes auf. Durch die Durchsetzung von Datenminimierungspraktiken, die Einholung einer informierten Einwilligung und die Priorisierung des Datenschutzes können wir diese Herausforderungen bewältigen und sicherstellen, dass KI die Privatsphäre der Einzelnen respektiert. Die Zusammenarbeit der Beteiligten, die öffentliche Aufmerksamkeit und die Einhaltung von Datenschutzvorschriften sind entscheidend für die Entwicklung von KI-Systemen, die nicht nur praktisch sind, sondern auch die Privatsphäre und den ethischen Umgang mit Daten respektieren.

5.2.2 Gewährleistung von Datensicherheit und -schutz durch Künstliche Intelligenz

Künstliche Intelligenz (KI) verändert Branchen und verbessert vielfältige Anwendungen. Daher wird die Gewährleistung von Informationssicherheit und -schutz zu einem vorrangigen Thema. KI-Systeme sind in hohem Maße auf Informationen angewiesen, die häufig vertrauliche und wertvolle Datensätze enthalten. Dies macht sie zu einem attraktiven Ziel für Cyberangriffe und Sicherheitsverletzungen.

KI-Systeme sind anfällig für Cyber-Bedrohungen wie Datenlecks, Malware-Angriffe und Denial-of-Carrier-Angriffe (DoS). Die zunehmende Komplexität von KI-Algorithmen und die Vernetzung der Systeme erhöhen das Risiko von Sicherheitslücken.

Durch die Implementierung robuster Verschlüsselungstechniken für die Datenspeicherung und - übertragung können Daten vor unbefugtem Zugriff geschützt und ihre Vertraulichkeit gewährleistet werden.

Der Einsatz von MFA bietet eine zusätzliche Sicherheitsebene, da Benutzer mehrere Authentifizierungsarten angeben müssen, bevor sie auf vertrauliche Daten oder KI-Systeme zugreifen können.

Die Verwendung starker Kommunikationsprotokolle, einschließlich HTTPS, für die Datenübertragung verhindert das Abfangen und Abhören von Daten während der Übertragung.

Durch die Implementierung detaillierter Zugriffskontrollen wird sichergestellt, dass hochrangiges juristisches Personal auf genaue Aufzeichnungen zugreifen kann, wodurch das Risiko interner Datenlecks verringert wird.

Bei in der Cloud bereitgestellten KI-Systemen ist die Gewährleistung der Sicherheit der Cloud-Infrastruktur von entscheidender Bedeutung, um Daten vor potenziellen Cloud-basierten Angriffen zu schützen.

Durch regelmäßiges Aktualisieren der KI -Software und Anwenden von Sicherheitspatches können Schwachstellen behoben und vor bekannten Bedrohungen geschützt werden.

Der Einsatz von KI zur Risiko- und Anomalieerkennung kann die Fähigkeit verbessern, Sicherheitsverletzungen zu erkennen und darauf zu reagieren.

Durch den Einsatz von Datenschutzstrategien wie differenzieller Privatsphäre oder föderiertem Lernen können KI-Modelle Daten analysieren, ohne direkt auf sensible Statistiken zugreifen zu müssen.

Durch die Implementierung stabiler Verfahren zur Datenlöschung wird sichergestellt, dass Daten, wenn sie nicht mehr benötigt werden, vollständig von Speichergeräten gelöscht werden, wodurch das Risiko von Datenlecks verringert wird.

Durch die Durchführung regelmäßiger Sicherheitsüberprüfungen und Schwachstellentests können Sie sich der Schwachstellen in KI-Strukturen und Dateninfrastrukturen bewusst werden.

die Durchführung ethischen Hackings mittels Penetrationstests können potenzielle Einstiegspunkte für Cyber-Angreifer ermittelt und die Widerstandsfähigkeit von KI-Strukturen getestet werden.

Durch die Schulung des Personals über wichtige Praktiken und potenzielle Bedrohungen im Bereich der

Datensicherheit können versehentliche Datenlecks aufgrund menschlicher Fehler verhindert werden.

Durch die Zusammenarbeit mit Cybersicherheitsspezialisten und Unternehmen wird die Fähigkeit verbessert, mit komplexen Bedrohungen umzugehen und gute Praktiken umzusetzen.

Ein gut beschriebener Vorfallreaktionsplan ermöglicht im Falle einer Datenpanne oder eines Cybervorfalls schnelles und effektives Handeln.

Durch die Implementierung stabiler Praktiken zur Bereitstellung von KI-Modellen wird sichergestellt, dass KI-Systeme während des Betriebs nicht versehentlich vertrauliche Daten preisgeben.

Durch die Einhaltung ethischer Grundsätze bei der Erfassung und Verwendung von Informationen wird sichergestellt, dass Aufzeichnungen verantwortungsvoll erfasst und verwendet werden.

Die Einhaltung der geltenden Gesetze und Richtlinien zur Statistiksicherheit unterstreicht das Engagement für die Sicherheit und den Datenschutz von Statistiken.

Regelmäßige Datensicherungen und Notfallwiederherstellungspläne verringern das Risiko eines Datenverlusts im Falle einer Sicherheitsverletzung oder eines Geräteausfalls.

Transparenz gegenüber den Kunden hinsichtlich der Datenverarbeitungspraktiken stärkt das Vertrauen in die

Sicherheit des KI-Systems und das Selbstverständnis dieser Systeme.

Die Gewährleistung von Datensicherheit und -schutz ist ein wichtiger Aspekt für den verantwortungsvollen Einsatz künstlicher Intelligenz. Durch die Einführung starker Verschlüsselung, Zugriffskontrollen und Multi-Faktor-Authentifizierung können Unternehmen sensible Daten vor Cyberbedrohungen schützen. Regelmäßige Sicherheitsaudits, Mitarbeiterschulungen und die Zusammenarbeit mit Cybersicherheitsexperten verbessern die allgemeine Sicherheit von KI-Systemen. Ethischer Umgang mit Daten, die Einhaltung von Richtlinien und transparente Datenverarbeitungspraktiken stärken das Engagement für Datensicherheit und -schutz. Da sich die KI-Technologie ständig weiterentwickelt, sind kontinuierliche Bemühungen zur Gewährleistung von Datensicherheit und -schutz entscheidend, um das Vertrauen der Nutzer zu wahren und einen verantwortungsvollen KI-Einsatz zu fördern.

5.3 Auswirkungen künstlicher Intelligenz auf Gerechtigkeit und Gleichheit

5.3.1 Beiträge der künstlichen Intelligenz zu Rechts- und Justizsystemen

Künstliche Intelligenz (KI) hat in vielen Branchen große Fortschritte erzielt, und der Bereich Recht und Justiz bildet da keine Ausnahme. Die transformativen Fähigkeiten der KI verändern die Arbeitsweise von Gefängnispersonal und Justizsystemen, rationalisieren Verfahren, verbessern die Entscheidungsfindung und erleichtern den Zugang zur Justiz.

KI-gestützte Geräte können große Mengen an Strafakten, darunter Rechtsprechung, Gesetze und Richtlinien, erfolgreich prüfen. Durch die schnelle Identifizierung relevanter Präzedenzfälle und Gefängnisargumente vereinfacht KI die Verbrechensrecherche und spart so Zeit und Ressourcen für Gefängnisexperten.

KI-Algorithmen können historische Fallstatistiken analysieren, um die wahrscheinlichen Folgen aktueller Fälle vorherzusagen. Rechtsexperten können diese Erkenntnisse nutzen, um fundierte Entscheidungen zu treffen und wirksamere Prozessstrategien zu entwickeln.

KI-gestützte Tools zur Vertragsbewertung automatisieren die Prüfung von Verträgen und ermitteln wichtige Bedingungen und potenzielle Risiken. Dies ergänzt die Effizienz und Genauigkeit des Vertragsmanagements für Behörden und Strafverfolgungsbehörden.

KI-gestützte juristische Chatbots bieten Menschen, die nach Informationen und Beratung zu Strafsachen suchen, Echtzeit-Unterstützung. Diese Chatbots können häufige strafrechtliche Fragen beantworten, Kriminellen Ratschläge erteilen und Nutzer an geeignete strafrechtliche Ressourcen weiterleiten.

KI wird erforscht, um Richtern zu helfen, regelmäßigere und ehrlichere Urteile zu fällen. Durch die Analyse relevanter Elemente und historischer Informationen kann KI dazu beitragen, das Rückfallrisiko zu ermitteln und Entscheidungen über die Bewährung zu treffen.

KI-Technologie erweitert die Organisation und Kontrolle von Strafverfahren um die Möglichkeit, administrative Aufgaben, die Terminplanung und die Überwachung von Fristen zu automatisieren. Dies rationalisiert den Arbeitsablauf und verbessert die durchschnittliche Effizienz von Strafprozessen.

KI-gestützte E-Discovery-Plattformen können große Mengen digitaler Aufzeichnungen durchsuchen, um relevante Beweise für Strafverfahren herauszufiltern. Dies beschleunigt den Beweisfindungsprozess und verbessert die Genauigkeit der Beweisidentifizierung.

KI-Programme im Rechtswesen können den Zugang zur Justiz für unterversorgte Bevölkerungsgruppen verbessern, die möglicherweise Eigentum für die Anmietung von Strafverteidigern besitzen. Juristische Chatbots und Online-Ressourcen bieten zugängliche Rechtsinformationen und Unterstützung.

KI-Modelle können verwendet werden, um die Wahrscheinlichkeit zu bewerten, dass Menschen rückfällig werden oder nicht vor Gericht erscheinen. Dies unterstützt Richter und Bewährungshelfer bei der statistikbasierten

Auswahl unter Berücksichtigung der Konzepte von Billigkeit und Gerechtigkeit.

KI-Technologien spielen eine entscheidende Rolle bei der Erkennung und Verhinderung von Cyberkriminalität und Betrug. KI-gestützte Cybersicherheitstools können Netzwerkdaten schnell analysieren, um Anomalien und mögliche Sicherheitsverletzungen zu erkennen.

Künstliche Intelligenz verändert Rechts- und Justizsysteme und stattet Juristen mit erweiterten Recherchefähigkeiten, fortschrittlichen Entscheidungsfindungssystemen und optimierten Arbeitsabläufen aus. Die prädiktiven Analyse- und Vergleichsbewertungsfähigkeiten von KI tragen zu fundierteren Rechtspraktiken und einer effizienten Vertragsverwaltung bei. Juristische Chatbots erleichtern den Zugang zur Justiz, indem sie Menschen, die Hilfe bei Strafverfahren suchen, wichtige Informationen bereitstellen und unterstützen. In der Strafjustiz können KI-gestützte Risikobewertung und Strafzumessung zu einheitlicheren und gerechteren Ergebnissen führen. Darüber hinaus spielt KI eine entscheidende Rolle bei der Prävention von Cyberkriminalität und der Gewährleistung der Datensicherheit im Rechtswesen. Die fortschreitende Entwicklung von KI wird die Kriminallandschaft revolutionieren und die Justiz für alle zugänglicher, umweltfreundlicher und gerechter machen. Ethische Bedenken und potenzielle Verzerrungen in KI-Strukturen müssen jedoch sorgfältig beachtet werden, um sicherzustellen, dass die Technologie verantwortungsvoll und im Sinne von Gleichheit und Gerechtigkeit eingesetzt wird.

5.3.2 Perspektiven auf die Auswirkungen künstlicher Intelligenz auf soziale Gleichheit und Gerechtigkeit

Die rasante Entwicklung der künstlichen Intelligenz (KI) weckt einerseits Zufriedenheit, andererseits aber auch Befürchtungen hinsichtlich ihrer Auswirkungen auf soziale Gleichheit und Gerechtigkeit. Da KI-Technologien zunehmend in zahlreiche gesellschaftliche Bereiche integriert werden, ist es unerlässlich, ihre Auswirkungen auf marginalisierte Gruppen und gefährdete Bevölkerungsgruppen umfassend zu untersuchen.

KI-Systeme, die auf verzerrten Statistiken basieren, können gesellschaftliche Ungleichheiten und Diskriminierung verewigen. Wenn historische Daten Verzerrungen widerspiegeln, können KI-Algorithmen unbeabsichtigt verzerrte Ergebnisse in verschiedenen Bereichen produzieren, darunter bei der Personalbeschaffung, der Kreditvergabe und der Strafverfolgung.

Der Einsatz von KI kann soziale Ungleichheiten verschärfen, da Menschen mit größerem Zugang zur KI-Technologie und mehr Ressourcen wahrscheinlich mehr Vorteile daraus ziehen. Die digitale Kluft und der ungleiche

Zugang zu KI-Geräten dürften die Ungleichheiten in den Bereichen Bildung, Gesundheitsversorgung und finanzielle Chancen vertiefen.

Der Mangel an Vielfalt unter KI-Entwicklern und - Forschern kann zu voreingenommenen algorithmischen Entscheidungen führen. Um diesem Problem entgegenzuwirken, sind vielfältigere Ansichten und Beispiele in KI-Entwicklungsgruppen unerlässlich.

KI in Überwachung, Strafverfolgung und Sozialwesen wirft ethische Fragen zu Datenschutz, Menschenrechten und Überwachungspraktiken auf. Um die Gerechtigkeit zu wahren, ist es unerlässlich, sicherzustellen, dass KI ethisch eingesetzt wird und mit gesellschaftlichen Werten im Einklang steht.

Das transformative Potenzial der KI kann herkömmliche Beschäftigungsmodelle aufbrechen und möglicherweise zu einer Verlagerung bestimmter Berufsgruppen führen. Umschulungs- und Weiterbildungsmaßnahmen sind wichtig, um Menschen für zukünftige Aufgaben zu rüsten.

Positiv ist, dass KI die Entscheidungsfindung in Justizsystemen verbessern kann, was für gerechtere Ergebnisse unerlässlich ist. Durch die Analyse großer Datensätze kann KI dazu beitragen, Formen der Voreingenommenheit zu identifizieren und politische Anpassungen vorzunehmen, um soziale Gleichheit zu fördern.

KI-gestützte juristische Chatbots und Online - Ressourcen können den Zugang zur Justiz für unterversorgte Bevölkerungsgruppen verbessern, indem sie Menschen, die sich einen Rechtsbeistand nicht leisten können, Informationen und Beratung zum Strafrecht bieten.

Die Fähigkeit der KI, große Datensätze zu analysieren, kann politischen Entscheidungsträgern Einblicke in soziale Probleme geben und beweisbasierte politische Entscheidungen ermöglichen. Dieser datengesteuerte Ansatz kann zu effektiveren und gerechteren Sozialprogrammen führen.

Forscher arbeiten aktiv an der Entwicklung von KI-Algorithmen, die Vorurteile abmildern und Fairness fördern. Strategien wie negative Erziehung und fairnessbewusstes Lernen zielen darauf ab, diskriminierenden Folgen entgegenzuwirken.

Der Status quo robuster KI-Governance-Rahmenwerke in Verbindung mit ethischen Richtlinien, Transparenz und Rechenschaftspflicht ist von entscheidender Bedeutung, um sicherzustellen, dass KI gesellschaftlichen Zielen und Werten dient und soziale Gleichheit und Gerechtigkeit fördert.

Künstliche Intelligenz hat enorme Möglichkeiten, das Schicksal der Gesellschaft zu gestalten, und ihre Auswirkungen auf soziale Gleichheit und Gerechtigkeit sind vielfältig. Zwar gibt es Probleme im Zusammenhang mit Voreingenommenheit, Diskriminierung und der Verschärfung von Ungleichheiten, doch es gibt auch Möglichkeiten für einen übermäßigen, zufriedenstellenden Austausch. Verantwortungsvolle KI-Entwicklung, Vielfalt in KI-Gruppen und ethische Überlegungen können negative Auswirkungen abmildern und die Fähigkeit von KI verbessern, soziale Gerechtigkeit zu fördern. Die Betonung von Transparenz, Fairness und Inklusivität beim KI-Einsatz ist entscheidend, um sicherzustellen, dass die KI-Generation zu einer gerechteren und transparenteren Gesellschaft beiträgt, die allen Menschen unabhängig von ihrer Vergangenheit oder ihrem Status zugutekommt. Durch eine durchdachte und gewissenhafte Einführung von KI können wir ihre Stärken nutzen, um gesellschaftliche Herausforderungen zu bewältigen und eine inklusivere und gerechtere Welt zu schaffen.

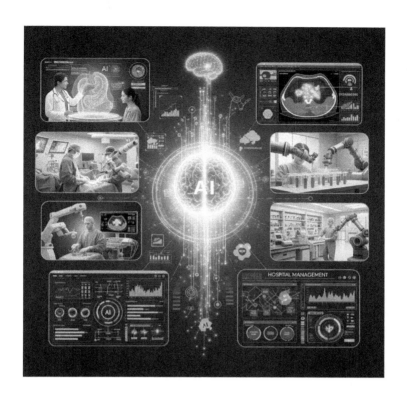

KAPITEL 6

Künstliche Intelligenz und Gesundheitswesen

6.1 Der Einsatz künstlicher Intelligenz in Medizin und Gesundheitswesen

6.1.1 Anwendungen künstlicher Intelligenz in der Krankheitsdiagnose und -behandlung

Künstliche Intelligenz (KI) hat sich im Gesundheitswesen, insbesondere in der Krankheitsdiagnose und -behandlung, als bahnbrechende Neuerung erwiesen. Ihre Fähigkeit, große Datenmengen zu analysieren, Muster zu verstehen und Vorhersagen zu treffen, hat die medizinische Praxis revolutioniert und zu präziseren und zeitnahen Diagnosen sowie individuellen Behandlungsplänen geführt. Hier untersuchen wir die verschiedenen Einsatzmöglichkeiten von KI in der Krankheitsdiagnose und -behandlung:

KI-gestützte Algorithmen können klinische Bilder, einschließlich Röntgenaufnahmen, MRTs und CT-Scans, mit höchster Genauigkeit untersuchen. KI-Systeme können Anomalien erkennen, bei der Früherkennung von Krankheiten wie Krebs helfen und Radiologen bei der Auswahl fundierterer Diagnosen unterstützen.

KI-Modelle können das Risiko einer Person, schwere Krankheiten zu entwickeln, anhand ihrer Krankengeschichte, genetischen Informationen und Lebensstilfaktoren vorhersagen. Diese frühzeitige Risikobewertung ermöglicht gezielte Interventionen und Präventivmaßnahmen.

KI kann die medizinischen Daten und Behandlungsreaktionen eines betroffenen Charakters einsehen, um individuelle Behandlungspläne zu entwickeln. Dieser maßgeschneiderte Ansatz berücksichtigt die Charaktervarianten und optimiert die Wirksamkeit der Behandlung.

KI beschleunigt die Arzneimittelforschung durch die Auswertung riesiger Datensätze und die Simulation von Arzneimittelwechselwirkungen. Sie identifiziert potenzielle Arzneimittelkandidaten und verkürzt so den Zeit- und Kostenaufwand für die Arzneimittelentwicklung.

KI-gesteuerte virtuelle Gesundheitsassistenten bieten Patienten individuelle wissenschaftliche Aufzeichnungen, Erinnerungen und Behandlungskontrolle und verbessern so die Zugänglichkeit und Einhaltung der Gesundheitsversorgung.

KI-Algorithmen sind für Pathologen eine wertvolle Hilfe bei der Analyse von Gewebeproben und der Identifizierung von Zellanomalien, wodurch die diagnostische Genauigkeit verbessert und die Diagnose beschleunigt wird.

KI-gestützte Trackingsysteme analysieren ständig die Patientenakten, um frühe Symptome und Anzeichen einer Verschlechterung zu erkennen. Dies ermöglicht ein rechtzeitiges Eingreifen und verringert das Risiko lebenswichtiger Erkrankungen.

KI bietet Unterstützung bei medizinischen Entscheidungen durch die Synthese von Patientendaten und medizinischer Literatur und hilft Ärzten, absolut beweisbasierte Entscheidungen zu treffen.

KI-gestützte Verfahren zur Verarbeitung natürlicher Sprache extrahieren relevante Daten aus elektronischen Patientenakten, wodurch Patientenakten leichter zugänglich werden und Studien und Analysen erleichtert werden.

KI ermöglicht die Fernüberwachung von Patienten über tragbare Geräte und Sensoren, sodass Gesundheitsorganisationen den Gesundheitszustand von Patienten in Echtzeit verfolgen und proaktiv eingreifen können.

KI analysiert Genomstatistiken, um mit Krankheiten verbundene genetische Ausgaben zu identifizieren und so Präzisionsmedizintaktiken für maßgeschneiderte Heilmittel zu entwickeln.

KI kann die Patiententriage in Notsituationen priorisieren, die Ressourcenzuweisung optimieren und die Patientenversorgung rationalisieren.

KI optimiert den Aufbau klinischer Studien, indem sie geeignete betroffene Personengruppen identifiziert und Behandlungsreaktionen vorhersagt, wodurch letztendlich der Prozess der Arzneimittelentwicklung beschleunigt wird.

KI-gestützte Algorithmen können Ausbrüche von Infektionskrankheiten erkennen, indem sie Daten aus verschiedenen Quellen auswerten und so den Gesundheitsbehörden dabei helfen, wirksam zu reagieren.

KI analysiert Bilddaten, um quantitative Merkmale zu extrahieren und genetische Marker zu ermitteln, die mit Krankheiten in Zusammenhang stehen, und ermöglicht so individuelle Behandlungspläne.

Künstliche Intelligenz hat neue Möglichkeiten in der Krankheitsdiagnose und -behandlung eröffnet. Ihre Fähigkeit, riesige Mengen klinischer Daten zu verarbeiten und zu analysieren, sowie ihr Potenzial für maßgeschneiderte Behandlungen haben das Gesundheitswesen grundlegend verändert. Von der wissenschaftlichen Bildgebung bis zur Arzneimittelforschung prägen die Beiträge der KI die Zukunft der Medizin, verbessern die diagnostische Genauigkeit, optimieren Behandlungsmethoden und verbessern die Patientenergebnisse. Mit der weiteren Entwicklung der KI wird sie eine immer wichtigere Rolle bei der Revolutionierung der Gesundheitsversorgung spielen und diese umweltfreundlicher, zugänglicher und patientenorientierter gestalten. Es ist jedoch wichtig, ethische und regulatorische Herausforderungen zu bewältigen und sicherzustellen, dass KI verantwortungsvoll und im Einklang mit der Privatsphäre und dem Schutz der Patienten eingesetzt wird.

6.1.2 Künstliche Intelligenz-gestützte Chirurgie und medizinische Bildgebung

Künstliche Intelligenz (KI) hat den Gesundheitsbereich erheblich beeinflusst, insbesondere in der Chirurgie und der wissenschaftlichen Bildgebung. Die Integration von KI in chirurgische Techniken und die medizinische Bildanalyse hat die wissenschaftliche Praxis revolutioniert und die chirurgische Präzision, die diagnostische Genauigkeit und die Behandlungsergebnisse für Patienten verbessert.

KI hat sich als wertvolles Instrument zur Unterstützung von Chirurgen bei komplexen Eingriffen erwiesen. Durch den Einsatz KI-gestützter Robotersysteme können Chirurgen ihre Fingerfertigkeit und Präzision steigern und minimalinvasive Operationsmethoden mit kleineren Schnitten und geringerem Patiententrauma durchführen. Die Echtzeit-Feedbacks der KI-Systeme unterstützen Chirurgen bei wichtigen Entscheidungen während der Operation und sorgen so für mehr Sicherheit und erfolgreiche Ergebnisse. Darüber hinaus können KI-Algorithmen prä- und intraoperative Daten analysieren, die Operationsplanung unterstützen und mögliche Komplikationen vorhersagen.

KI hat die klinische Bildgebung revolutioniert, indem sie präzise und umweltfreundliche Interpretationen verschiedener Bildgebungsverfahren liefert. KI-Algorithmen können medizinische Bilder, einschließlich Röntgen-, MRT- und CT-Aufnahmen, schnell analysieren, Anomalien erkennen und Radiologen bei der Diagnose von Krankheiten unterstützen. Die schnelle Auswertung medizinischer Bilder beschleunigt den Diagnoseprozess und ermöglicht zeitnahe Interventionen und Behandlungspläne. KI erleichtert zudem die Identifizierung subtiler Muster und Funktionen, die dem menschlichen Auge möglicherweise entgehen, wodurch die diagnostische Genauigkeit verbessert und das Risiko von Fehldiagnosen reduziert wird.

Die Integration von KI in die medizinische Bildgebung hat zudem deren Potenzial in der Krankheitsdiagnostik und Behandlungsplanung erweitert. KI-Algorithmen können komplexe Bilddaten analysieren und quantitative Funktionen extrahieren, was zur Identifizierung präziser Krankheitsmarker und Behandlungsziele beiträgt. Dieser als Radiomics und Radiogenomik bezeichnete Ansatz ermöglicht personalisierte Behandlungspläne, die auf die Bedürfnisse einzelner Patienten zugeschnitten sind. Darüber hinaus kann KI-gestützte klinische Bildgebung zur Früherkennung von Krankheiten wie Krebs beitragen und so rechtzeitige Interventionen und verbesserte Behandlungsergebnisse ermöglichen.

Die zukünftigen Auswirkungen der KI-gestützten Chirurgie und der medizinischen Bildgebung sind vielversprechend. Da sich KI-Algorithmen ständig weiterentwickeln, wird erwartet, dass sie immer moderner werden und die chirurgische Präzision und diagnostische Genauigkeit weiter verbessern. Die Fähigkeit der KI, enorme Datensätze zu untersuchen und diffuse Muster zu erkennen, dürfte zu bahnbrechenden Entdeckungen in der Krankheitsforschung und Arzneimittelentwicklung führen. Darüber hinaus könnte die KI-gestützte klinische Bildgebung die Art und Weise verändern, wie medizinisches Fachpersonal Bilder interpretiert, und so die Zugänglichkeit und den Komfort der Gesundheitsversorgung verbessern.

Trotz vieler Vorteile bringt der Einsatz von KI in der Chirurgie und der medizinischen Bildgebung auch beunruhigende Situationen und moralische Bedenken mit sich. Die Gewährleistung der Sicherheit und Zuverlässigkeit von KI-Algorithmen ist von größter Bedeutung, da Fehldiagnosen oder chirurgische Entscheidungen schwerwiegende Folgen für Patienten haben können. Darüber hinaus erfordert der Schutz der Privatsphäre und des Datenschutzes der betroffenen Person im Kontext KI-generierter Patientenakten strenge Sicherheitsvorkehrungen und die Einhaltung von Datenschutzvorschriften.

KI-gestützte chirurgische Behandlungen und medizinische Bildgebung stellen einen Paradigmenwechsel im Gesundheitswesen dar. Die Fähigkeit von KI, die chirurgische Präzision zu verbessern, die diagnostische Genauigkeit zu erhöhen und personalisierte Behandlungspläne zu unterstützen, ist vielversprechend für die Zukunft der Medizin. Durch die Auseinandersetzung mit problematischen Bedingungen und ethischen Fragen kann die verantwortungsvolle Integration von KI in das Gesundheitswesen ihr volles Potenzial freisetzen und Patienten und medizinischem Fachpersonal gleichermaßen zugutekommen. Im Zuge der Weiterentwicklung der Technologie wird die Rolle von KI in der chirurgischen

Behandlung und medizinischen Bildgebung die Gesundheitsversorgung ebenfalls verbessern und eine moderne Generation der Präzisionsmedizin und fortschrittlichen Patientenversorgung einleiten.

6.2 Die Rolle der künstlichen Intelligenz in der Arzneimittelforschung und im Krankenhausmanagement

6.2.1 Innovationen in der Arzneimittelentwicklung durch Künstliche Intelligenz

Künstliche Intelligenz (KI) revolutioniert die Arzneimittelentwicklung und liefert neuartige Lösungen, um die Entdeckung und Entwicklung neuer pharmazeutischer Wirkstoffe zu unterstützen. Durch den Einsatz von Algorithmen für maschinelles Lernen und prädiktiver Modellierung hat KI herkömmliche Prozesse der Arzneimittelentwicklung transformiert und sie effizienter und kostengünstiger gemacht.

KI spielt eine wichtige Rolle in der Arzneimittelforschung, indem sie große Mengen biologischer und chemischer Daten analysiert. Durch KI-gestütztes virtuelles Screening können potenzielle Arzneimittelkandidaten aus großen chemischen Bibliotheken identifiziert und die Suche nach vielversprechenden Verbindungen eingegrenzt werden. KI-Algorithmen messen die Bindungsaffinität von Molekülen an spezifische Arzneimittelziele und beschleunigen so die frühen Phasen der Arzneimittelforschung erheblich.

KI ermöglicht maßgeschneiderte Medikamente durch die Auswertung genomischer Daten und die Identifizierung genetischer Marker, die mit bestimmten Krankheiten assoziiert sind. Dies ermöglicht die Entwicklung gezielter, auf das individuelle genetische Profil einzelner Patienten zugeschnittener Behandlungsstrategien. Das Potenzial der KI, Behandlungsreaktionen auf der Grundlage genetischer Daten vorherzusagen, ergänzt die Wirksamkeit von Medikamenten und verringert das Risiko schädlicher Nebenwirkungen.

KI-Algorithmen werden eingesetzt, um mögliche neue Einsatzmöglichkeiten für bestehende Medikamente zu finden – ein Prozess, der als „Drug Repurposing" bezeichnet wird. Durch die Analyse von Medikamentendatenbanken und Molekülstrukturen kann KI alternative therapeutische Anwendungen für bereits für bestimmte Erkrankungen zugelassene Medikamente empfehlen. Das „Drug Repurposing" beschleunigt den Prozess klinischer Studien und reduziert den Zeit- und Ressourcenaufwand für die Medikamentenentwicklung.

KI optimiert das Design wissenschaftlicher Studien, indem sie geeignete Patientenpopulationen identifiziert und Behandlungsreaktionen vorhersagt. Durch die Analyse von Patientenakten und klinischer Literatur unterstützt KI Forscher bei der Rekrutierung geeigneter Personen und der

Verbesserung der Studienleistung. KI kann auch Bedenken hinsichtlich der Leistungssicherheit während der Studien erkennen, die Patientensicherheit gewährleisten und eine schnellere Arzneimittelzulassung ermöglichen.

Die traditionelle Arzneimittelentwicklung ist zeitaufwendig und kostspielig. KI-gestützte Ansätze reduzieren den Zeit- und Kostenaufwand, um potenzielle Arzneimittelkandidaten zu verstehen und ihre Wirksamkeit zu optimieren, erheblich. Durch die Optimierung der Frühphasenforschung und die frühzeitige Eliminierung weniger vielversprechender Kandidaten minimiert KI die Verschwendung von Ressourcen und beschleunigt den Weg zu einer erfolgreichen Arzneimittelentwicklung.

KI ermöglicht es, potenzielle Sicherheitsprobleme im Zusammenhang mit neuen Medikamentenkandidaten bereits vor Beginn klinischer Studien zu erkennen. KI-Algorithmen analysieren Daten aus präklinischen Studien, Tiermodellen und relevanten Datenbanken, um mögliche Nebenwirkungen und Sicherheitsrisiken zu erkennen. Dieser proaktive Ansatz ergänzt die Arzneimittelsicherheit und reduziert das Risiko unerwarteter Sicherheitsbedenken während klinischer Studien.

KI fördert die Zusammenarbeit zwischen Forschern und Pharmaunternehmen, indem sie den Informationsaustausch und die Integration erleichtert. Über gemeinsame Datenbanken und KI-gestützte Plattformen können Forscher auf eine Fülle von Daten zugreifen, das kollektive Wissen erweitern und die Arzneimittelforschung beschleunigen.

Die zukünftigen Auswirkungen von KI auf die Arzneimittelentwicklung sind erheblich. Mit der Weiterentwicklung der KI-Technologie besteht weiterhin das Potenzial, innovative Behandlungen für komplexe Krankheiten zu entwickeln, die sich herkömmlichen Methoden entziehen. Darüber hinaus kann die Integration von KI in verschiedene bestehende Technologien, einschließlich Nanotechnologie und Genoptimierung, neue Wege für den gezielten Arzneimitteltransport und die Genwiederherstellung eröffnen.

KI verändert die Arzneimittelentwicklung und bietet innovative Lösungen für die Entwicklung und Entwicklung neuer pharmazeutischer Wirkstoffe. Von der KI-gestützten Arzneimittelforschung über personalisierte Behandlungen bis hin zur Neuausrichtung bestehender Medikamente sind die Einsatzmöglichkeiten von KI vielfältig und weitreichend. Durch die Beschleunigung klinischer Studien, die Senkung der Kosten für die Arzneimittelentwicklung und die Verbesserung der Arzneimittelsicherheit wird die KI-gestützte Arzneimittelentwicklung das Gesundheitswesen revolutionieren und Patienten weltweit bahnbrechende Behandlungen ermöglichen. Da Forscher und Pharmaunternehmen weiterhin das Potenzial von KI nutzen, bietet die Zukunft der Arzneimittelentwicklung interessante Möglichkeiten für verbesserte Patientenergebnisse und die Weiterentwicklung der wissenschaftlichen Forschung.

6.2.2 Steigerung der Krankenhauseffizienz und Routenoptimierung

Künstliche Intelligenz (KI) spielt eine entscheidende Rolle bei der Verbesserung der Krankenhausleistung und der Optimierung verschiedener Gesundheitsstrategien. Durch den Einsatz von KI-Algorithmen und Datenanalysen können Krankenhäuser ihre Abläufe rationalisieren, die Patientenversorgung verbessern und die Ressourcenzuweisung optimieren.

KI-gestützte Patiententriagesysteme analysieren Patientendaten und Symptome, um Fälle nach Schweregrad zu priorisieren. Durch die schnelle Erkennung kritischer Zeitpunkte können Gesundheitsdienstleister Ressourcen und Aufmerksamkeit effizienter zuweisen und so eine rechtzeitige Behandlung der Bedürftigen sicherstellen.

KI kann die Terminplanung basierend auf den individuellen Präferenzen des Patienten, der Verfügbarkeit des Gesundheitsdienstleisters und der medizinischen Dringlichkeit automatisieren. Dies reduziert den Verwaltungsaufwand und optimiert die Zeiteinteilung des medizinischen Teams, was zu einer umweltfreundlicheren Ressourcennutzung führt.

KI-gesteuerte Bettenmanagementsysteme berücksichtigen Patientenentlassungen, Aufnahmepreise und

Bettenverfügbarkeit. Dies ermöglicht Krankenhäusern eine proaktive Patientenplanung, verkürzt Wartezeiten und maximiert die Bettenbelegung.

KI-Algorithmen können die Wege des Krankenhauspersonals, darunter Pflegekräfte und Ärzte, optimieren, um die Wegezeiten zwischen Patientenzimmern und Abteilungen zu minimieren. Dies rationalisiert den Arbeitsablauf und ermöglicht es den Gesundheitsdienstleistern, mehr Zeit für die Patientenversorgung aufzuwenden.

KI analysiert historische Daten, um den Bedarf an medizinischen Geräten und Verbrauchsmaterialien zu ermitteln. So können Krankenhäuser ihre Lagerbestände optimieren. Durch die Sicherstellung der Verfügbarkeit wichtiger Ressourcen können Krankenhäuser Engpässe vermeiden und Verschwendung reduzieren.

KI-gestützter prädiktiver Schutz kann Maschinenausfälle früher vorhersagen, als sie eintreten. Dies ermöglicht proaktive Sicherheit und reduziert Ausfallzeiten. Diese Technik verbessert die Haltbarkeit klinischer Geräte und steigert die Effizienz von Gesundheitszentren.

Patientendaten zu erkennen. Dies unterstützt Gesundheitsdienstleister bei informationsbasierten Entscheidungen, was zu besseren Patientenergebnissen und umweltfreundlicheren Behandlungsplänen führt.

KI kann die Vitalfunktionen von Patienten kontinuierlich überwachen und Anomalien in Echtzeit erkennen. Im Notfall sendet sie Signale an das medizinische Personal. Dieses System zur sofortigen Reaktion verbessert die Sicherheit der betroffenen Person und verringert das Risiko schädlicher Aktivitäten.

KI-gestützte prädiktive Analysen können Patientenaufnahmequoten, Patientenzustand und Ressourcenbedarf vorhersagen. Dieser datenbasierte Ansatz ermöglicht Krankenhausleitern fundierte Entscheidungen hinsichtlich Personalbesetzung und Ressourcenzuweisung.

KI kann Abrechnungsprozesse automatisieren und so Fehler und Bearbeitungszeiten reduzieren. Dies verbessert die Kontrolle des Umsatzzyklus und gewährleistet rechtzeitige Erstattungen und ein ausgeglichenes Finanzergebnis für Krankenhäuser.

Künstliche Intelligenz verändert Klinikabläufe und das Gesundheitsmanagement durch verbesserte Leistung und optimierten Einsatz nützlicher Hilfsmittel. KI-gesteuerte Patiententriage, Terminplanung und Bettenkontrolle optimieren die Patientenversorgung und verkürzen Wartezeiten. Optimierte Wege für Krankenhausmitarbeiter und die vorausschauende Wartung klinischer Geräte verbessern Arbeitsabläufe und die Gerätelebensdauer. Die Rolle von KI in der Bestandskontrolle, der EHR-Analyse und der Echtzeitüberwachung ergänzt die allgemeine Krankenhausleistung und Patientensicherheit. Durch den Einsatz von KI für prädiktive Analysen und automatisierte

Abrechnung können Krankenhäuser datenbasierte Entscheidungen treffen und eine reibungslose Umsatzzykluskontrolle gewährleisten. Mit der weiteren Entwicklung von KI werden ihre Anwendungen im Gesundheitswesen den Krankenhausbetrieb, die Patientenversorgung und die gesamte Gesundheitslandschaft nachhaltig beeinflussen.

KAPITEL 7

Bildung und künstliche Intelligenz

7.1 Der Einsatz künstlicher Intelligenz in der Bildung und ihre Auswirkungen auf den Studienerfolg

7.1.1 Personalisierte Bildung und Schülerüberwachungssysteme

Künstliche Intelligenz (KI) revolutioniert den Bildungsbereich durch personalisierte Lernforschung und nachhaltige Schülerüberwachungssysteme. Mithilfe von KI-gestützter Software und Analyse können Pädagogen auf die individuellen Bedürfnisse der Schüler eingehen, ihre Entwicklung optimieren und gezielte Unterstützung bieten.

KI-gestützte adaptive Lernstrukturen analysieren die Stärken, Schwächen und Lernmuster der Studierenden, um maßgeschneiderte Lernpfade zu entwickeln. Durch die Bereitstellung individueller Inhalte und Lerntempos können Studierende in ihrem eigenen Tempo vorankommen und so ihr Engagement und ihre Lernfähigkeit verbessern.

KI-Algorithmen können die akademischen Leistungen von Universitätsstudenten analysieren und ihnen Inhalte anbieten, die ihren Interessen und Fähigkeiten entsprechen. Dieser individualisierte Ansatz fördert ein tieferes Verständnis der Problematik und ein aktives Lernen.

KI-gestützte Schülerverfolgungssysteme können frühzeitig Anzeichen von Lernschwierigkeiten oder mangelnder Motivation erkennen. Dies ermöglicht es Lehrkräften, sofort einzugreifen und gezielte Abhilfe zu schaffen, um eine Vergrößerung der Lernlücken zu verhindern.

KI-basierte Bewertungstools können individuelle Tests und Aufgaben erstellen und so eine kontinuierliche Bewertung ermöglichen. Echtzeit-Feedback hilft den Studierenden, ihren Fortschritt und Entwicklungsbereiche zu erkennen und fördert so eine positive Einstellung.

KI-gestützte Lernstrukturen können an die spezifischen Bedürfnisse von Universitätsstudierenden mit Lernbehinderungen oder besonderen Bildungsanforderungen angepasst werden. Personalisierte Interventionen und Einrichtungen fördern Inklusivität und Zugänglichkeit in der Bildung.

KI-Analysen können die Leistungsentwicklung von Studierenden anhand historischer Aufzeichnungen und Verhaltensmuster analysieren. Lehrkräfte können diese Informationen nutzen, um Studierende zu verstehen, die Gefahr laufen, in der Schule zurückzufallen, und entsprechende Maßnahmen ergreifen, um ihren Erfolg sicherzustellen.

KI-gestützte Schülerüberwachungssysteme helfen bei der Optimierung der Mittelzuweisung, indem sie Bereiche mit übermäßigem Bedarf oder besonderem Bildungsbedarf identifizieren. Dies ermöglicht es Bildungseinrichtungen, Ressourcen strategisch zu verteilen, um eine maximale Wirkung zu erzielen.

KI kann Lehrkräften dabei helfen, ihre akademischen Praktiken durch individuelle Hinweise zur beruflichen Weiterentwicklung zu verfeinern. KI-gestützte Erkenntnisse können Pädagogen dabei unterstützen, ihre Schulungsmethoden zu verbessern und über erstklassige Praktiken auf dem Laufenden zu bleiben.

KI-Algorithmen können talentierte und kompetente Studierende anhand ihrer schulischen Leistung und Fähigkeiten erkennen. Dies ermöglicht es Lehrkräften, diese Studierenden gezielt zu fördern und zu betreuen.

KI-basierte Bildungssysteme können Universitätsstudenten auf der Grundlage ihrer Hobbys und Ziele zusätzliche Quellen, Anleitungen und Lernmaterialien vorschlagen. Dies fördert eine Tradition des ununterbrochenen Lernens über den Unterricht hinaus.

Personalisierte Bildungs- und Schülerüberwachungssysteme auf Basis von KI haben das Potenzial, die Bildungslandschaft zu verändern. Durch die Anpassung von Lerngeschichten an die Ziele und Wünsche einzelner Schüler fördert KI Engagement, Motivation und Lernerfolg. Frühintervention und adaptive Leitsysteme stellen sicher, dass kein Schüler ausgeschlossen bleibt, und fördern so Inklusivität und Chancengleichheit in der Bildung. Prädiktive Analysen ermöglichen es Pädagogen, fundierte Entscheidungen zu treffen, die Ressourcenzuweisung zu optimieren und gezielte Interventionen anzubieten. Die Rolle von KI bei kontinuierlicher Evaluation, maßgeschneidertem Feedback und der beruflichen Weiterbildung von Lehrkräften ergänzt die Lernpraktiken und die Lernergebnisse der Schüler. Mit der fortschreitenden Anpassung der KI werden ihre Anwendungen in der Bildung eine effektivere, inklusivere und schülerorientiertere Lernumgebung schaffen und Universitätsstudenten auf den Erfolg in einer sich ständig verändernden Welt vorbereiten.

7.1.2 Künstliche Intelligenz in Prüfungs- und Bewertungsprozessen

Künstliche Intelligenz (KI) verändert die Bewertungslandschaft und -taktiken, revolutioniert die Bewertung von Studierenden und bietet Lehrkräften leistungsstarke Tools zur Verbesserung von Effektivität und Leistungsfähigkeit von Bewertungen. Von computergestützter Benotung bis hin zu fortschrittlicher Analytik – KI-Anwendungen verändern das Bewertungsparadigma im Bildungsbereich.

KI-gestützte Bewertungssysteme können Mehr-Wunsch-Fragen, Schnellantworten und sogar Aufsätze automatisch analysieren. Durch den Einsatz natürlicher Sprachverarbeitung und maschineller Lernalgorithmen bewertet KI die Antworten der Schülerinnen und Schüler fachgerecht und effektiv. Das spart Lehrkräften wertvolle Zeit und reduziert Bewertungsfehler.

KI ermöglicht es Studierenden, nach Abschluss einer Prüfung sofort Feedback zu erhalten. Dieses Echtzeit-Feedback ermöglicht es den Studierenden, ihre Fehler und Missverständnisse sofort zu erkennen, was zu einem tieferen Verständnis des Materials und einer wachstumsorientierten Denkweise führt.

KI kann Tests an das jeweilige Fachwissen und den Lesestil einzelner Studierender anpassen. Adaptive Bewertungssysteme passen die Aufgabenstellung und den Inhalt anhand der Antworten der Studierenden an und stellen so sicher, dass die Fähigkeiten jedes Schülers korrekt erfasst werden.

KI-generierte Analysen bieten Pädagogen wertvolle Einblicke in die allgemeine Leistung und Entwicklung der Schüler. Pädagogen können Trends erkennen, Lerneffekte messen und die Wirksamkeit pädagogischer Strategien untersuchen, was eine faktenbasierte Entscheidungsfindung ermöglicht.

Ein KI-gestütztes Plagiatserkennungssystem kann die schriftlichen Arbeiten von Studierenden untersuchen und beobachten, um Plagiate aufzudecken. Dies trägt zur Wahrung der akademischen Integrität bei und fördert die Originalität der Einreichungen von Studierenden.

Mithilfe von KI-Analysen können die Leistungen von Schülern in Zukunftstests basierend auf ihren historischen Daten und Lernstilen berechnet werden. Dies unterstützt

Pädagogen dabei, individuelle Schülerwünsche zu verstehen und gezielte Interventionen zur Förderung zu entwickeln.

KI kann durch die Verwendung standardisierter und objektiver Bewertungskriterien dazu beitragen, Verzerrungen bei Bewertungen zu reduzieren. Dies gewährleistet eine faire Bewertung und minimiert den Einfluss subjektiver Faktoren auf den Bewertungsprozess.

KI-Technologie kann die Prüfungssicherheit erhöhen, indem sie Betrugsverhalten erkennt und verhindert. Gesichtserkennung und Verhaltensanalyse können sicherstellen, dass der richtige Schüler die Prüfung ablegt und die Prüfungsumgebung sicher bleibt.

KI ermöglicht kontinuierliches Lernen, sodass Lehrkräfte den Lernfortschritt der Schüler im Laufe des Lernprozesses verfolgen können. Regelmäßige Tests liefern umfassende Daten über die Stärken und Schwächen der Schüler und ermöglichen so rechtzeitige Interventionen.

KI optimiert das Prüfungsmanagement durch die Automatisierung verschiedener Prozesse, darunter Prüfungsplanung, Aufsicht und Ergebniserfassung. Dies reduziert den Verwaltungsaufwand und ermöglicht es Lehrkräften, sich stärker auf das Lernen und die Ausbildung zu konzentrieren.

Die Integration künstlicher Intelligenz in Tests und Bewertungsmethoden hat die Art und Weise verändert, wie Schülerinnen und Schüler bewertet werden und wie Lehrkräfte

Statistiken nutzen, um Lehre und Lernen zu verbessern. Automatisierte Benotung und direktes Feedback verbessern die Leistung und Effektivität von Tests. Die Anpassungsfähigkeit und Personalisierung von KI stellen sicher, dass die Bewertungen den Bedürfnissen und Kompetenzen der einzelnen Schülerinnen und Schüler entsprechen. Fortschrittliche Analysen liefern Lehrkräften wertvolle Erkenntnisse und ermöglichen informationsbasierte Entscheidungen und gezielte Interventionen. Durch den Abbau von Voreingenommenheit, die Verbesserung der Sicherheit und die Förderung kontinuierlicher Bewertungen fördert KI vertrauenswürdige, zuverlässige und umfassende Bewertungen. Mit der kontinuierlichen Weiterentwicklung von KI werden ihre Anwendungen in akademischen Tests eine immer wichtigere Rolle bei der Förderung eines inklusiveren, personalisierten und faktenbasierten Bildungsansatzes spielen.

7.2 Synergie zwischen Lehrern und künstlicher Intelligenz

7.2.1 Die Rolle der künstlichen Intelligenz in der Unterstützung von Lehrkräften und in Werkzeugen

Künstliche Intelligenz (KI) revolutioniert den Bildungsbereich, indem sie Pädagogen wertvolle Unterstützung bietet und innovative Instrumente zur Verbesserung der Unterrichtspraxis bereitstellt. Von personalisierten Unterrichtsplänen bis hin zu praktischen Nachhilfesystemen verändern KI-Programme die Art und Weise, wie Pädagogen Coaching anbieten und das Lernen der Schüler unterstützen.

KI-gestützte Tools können Schülerdaten, Lernmöglichkeiten und den Lernfortschritt analysieren und so individuelle Unterrichtspläne für jeden Schüler erstellen. Pädagogen können Unterrichtsinhalte und Aktivitäten an die individuellen Lernbedürfnisse anpassen und so ein attraktiveres und effektiveres Lernerlebnis gewährleisten.

KI unterstützt Pädagogen bei der Erstellung von Lerninhalten, darunter Quizze, Arbeitsblätter und interaktive Lernmaterialien. Diese KI-generierten Ressourcen entsprechen den Lehrplananforderungen und berücksichtigen verschiedene Lernmuster. Das spart Pädagogen Aufwand und Zeit bei der Inhaltserstellung.

KI-basierte Nachhilfesysteme bieten Studierenden individuelle Unterstützung, führen sie durch schwierige Konzepte und geben ihnen unmittelbares Feedback. Lehrkräfte können den Lernfortschritt der Studierenden überwachen und erkennen, in welchen Bereichen zusätzliche Ressourcen benötigt werden.

KI-Analysen bieten Pädagogen wertvolle Einblicke in die durchschnittliche Leistung, den Lesestil und die Entwicklungsbereiche der Schüler. Pädagogen können diese Daten nutzen, um fundierte Entscheidungen zu treffen, Unterrichtsmethoden zu optimieren und gezielte Interventionen umzusetzen.

KI vereinfacht den Bewertungsprozess durch die Automatisierung der Auswertung von Aufgaben, Tests und Prüfungen. Dadurch sparen Lehrkräfte Zeit bei wiederkehrenden Aufgaben und können sich stärker auf die Interaktion mit den Studierenden und die Übermittlung personalisierter Kommentare konzentrieren.

KI-gestützte Sprachlerntools können Studierende beim Spracherwerb unterstützen, indem sie interaktive Sprachkurse, Aussprachehilfe und Übersetzungshilfe anbieten. Diese Tools machen das Sprachenlernen für Studierende leichter zugänglich und attraktiver.

KI ermöglicht digitale Klassenzimmer und kollaborative Leseumgebungen, sodass Lehrkräfte unabhängig von ihrem physischen Standort in Echtzeit mit Schülern interagieren können. KI-gestützte Kommunikationstools verbessern das Online-Lernen.

KI-Geräte können verschiedene Verwaltungsaufgaben automatisieren, darunter Terminplanung, Anwesenheitskontrolle und Berichtsführung. Dies reduziert den Verwaltungsaufwand für Lehrkräfte und ermöglicht ihnen, mehr Zeit für die Ausbildung und die Betreuung der Schüler aufzuwenden.

KI bietet personalisierte Expertenempfehlungen zur Weiterentwicklung, die vollständig auf den Stärken und Entwicklungsbereichen der Pädagogen basieren. Dies ermöglicht es Pädagogen, ihre Coaching-Fähigkeiten kontinuierlich zu verbessern und über die aktuellen akademischen Praktiken auf dem Laufenden zu bleiben.

KI-gestützte Unterstützungssysteme für Studierende können erkennen, welche Studierenden möglicherweise zusätzliche Hilfe benötigen, und geeignete Interventionen empfehlen. Pädagogen können so besser auf die sozial-emotionalen Ziele und schulischen Herausforderungen der Studierenden eingehen.

KI-basierte Tools zur Spracherkennung unterstützen Pädagogen bei der Transkription und Analyse der Schülerantworten im Rahmen von Fachdiskussionen und Präsentationen. Diese Tools erleichtern die formative Beurteilung und ermöglichen es Pädagogen, die mündlichen Kommunikationsfähigkeiten der Schüler zu bewerten.

KI-gesteuerte adaptive Lernsysteme bieten Schülern individuell gestaltete Lernpfade, die auf ihrer Leistung und ihrem Lernfortschritt basieren. Pädagogen können das Engagement und die Leistung der Schüler durch die Analyse der Plattform darstellen.

Die Rolle künstlicher Intelligenz in der Unterstützung und Bereitstellung von Lehrmitteln für Lehrkräfte ist transformativ und bietet sowohl Lehrkräften als auch Schülern zahlreiche Vorteile. KI ermöglicht personalisierte Unterrichtspläne, Inhaltseinführungen und Nachhilfeanleitungen und fördert so individuelleres und effektiveres Lernen. Lehrkräfte können statistikbasierte

Entscheidungen treffen, Verwaltungsaufgaben automatisieren und über KI-gestützte Tools individuelle Entwicklungstipps erhalten. Virtuelle Klassenzimmer, Sprachlernhilfen und Tools zur Zusammenarbeit verbessern die akademische Zugänglichkeit und das Engagement. KI-Systeme ermöglichen es Lehrkräften, hervorragenden Unterricht zu bieten und Studierenden zielgerichtete Anleitungen zu geben. So wird letztendlich ein effizienteres, inklusiveres und innovativeres Lernumfeld geschaffen. Mit der Weiterentwicklung von KI wird ihre Fähigkeit, Lehrkräfte mit Ressourcen zu versorgen und Unterrichtspraktiken zu verbessern, die Zukunft der Bildung für kommende Generationen entscheidend mitgestalten.

7.2.2 Pädagogen der Zukunft mit Künstlicher Intelligenz ausbilden

Da künstliche Intelligenz (KI) den Bildungsbereich immer weiter verändert, wird es immer wichtiger, Lehrkräfte mit dem nötigen Know-how und den Fähigkeiten auszustatten, um KI in ihrer Unterrichtspraxis effektiv einzusetzen. Die Ausbildung von Lehrkräften für die Zukunft mit KI umfasst einen ganzheitlichen Ansatz, der sowohl die Integration von KI-Geräten im Klassenzimmer als auch die Verbesserung der KI-Kompetenz der Lehrkräfte berücksichtigt.

Effektive KI-Schulung beginnt mit dem Aufbau von KI-Grundkenntnissen bei Lehrkräften. Sie müssen die grundlegenden Konzepte, die Terminologie und die Möglichkeiten von KI verstehen, um fundierte Entscheidungen über die Integration von KI-Geräten in ihre Lehrmethoden treffen zu können.

Die Ausbildung von Lehrkräften mit einem Schwerpunkt auf KI-Ethik ist unerlässlich. Lehrkräfte sollten sich der ethischen Auswirkungen des KI-Einsatzes im Bildungsbereich bewusst sein, darunter Datenschutz, Voreingenommenheit und Gleichberechtigung. Das Verständnis dieser ethischen Bedenken gewährleistet einen verantwortungsvollen und gerechten Einsatz von KI im Unterricht.

Praktische Erfahrung ist für Lehrkräfte unerlässlich, um Vertrauen in den effektiven Einsatz von KI-Tools zu gewinnen. Schulungsprogramme müssen Lehrkräften die Möglichkeit bieten, KI-Programme zu testen, darunter adaptive Lernsysteme und KI-gesteuerte Bewertungstools.

Die KI-Schulung für Pädagogen muss auf ihre spezifischen Bedürfnisse und Problembereiche zugeschnitten sein. Maßgeschneiderte Weiterbildungsprogramme für Fachkräfte stellen sicher, dass Pädagogen eine praxisnahe und realistische Ausbildung erhalten, die auf ihre Ausbildungsaufgaben abgestimmt ist.

Die Förderung der Zusammenarbeit und des Peer-Learnings unter Pädagogen schafft ein unterstützendes Umfeld für die Einführung von KI. Pädagogen können ihre Berichte bewerten, Qualitätspraktiken austauschen und gemeinsam moderne Strategien für den Einsatz von KI im Schulunterricht erkunden.

KI basiert stark auf der Analyse und Interpretation von Informationen. Pädagogen müssen ihre Datenkompetenz erweitern, um KI-generierte Analysen und Erkenntnisse effektiv zu nutzen, um das Coaching zu verbessern und Lernprozesse anzupassen.

Das Thema KI entwickelt sich ständig weiter. Lehrkräfte sollten sich kontinuierlich weiterbilden, um über die neuesten KI-Trends im Bildungsbereich auf dem Laufenden zu bleiben. Der Zugang zu Ressourcen, Webinaren und Experten-Lerngemeinschaften kann das kontinuierliche Lernen unterstützen.

KI-Schulungen für Lehrkräfte sollten Anleitungen zur Integration KI-bezogener Themen in den Lehrplan enthalten. Lehrkräfte können KI als Studienfach betrachten oder KI-bezogene Initiativen und Aktivitäten in verschiedene Themenbereiche integrieren.

Die Förderung einer wachstumsorientierten Denkweise unter Pädagogen ermutigt sie, neue Generationen, die KI nutzen, als Chance für berufliches Wachstum zu betrachten. Eine verbesserte Denkweise fördert die Bereitschaft, zu prüfen, aus Fehlern zu lernen und sich ständig zu verbessern.

Die Zusammenarbeit mit KI-Experten und -Forschern kann das Wissen von Pädagogen über KI-Anwendungen im

Bildungsbereich verbessern. Partnerschaften können Workshops, Studienaufgaben und den Austausch von Fachwissen ermöglichen, um die KI-Integrationsbemühungen von Pädagogen zu unterstützen.

Die Identifizierung und Förderung von KI-Vorreitern unter den Lehrkräften kann die Einführung von KI in den Fakultäten fördern. Diese Lehrkräfte können als Mentoren und Fürsprecher fungieren und andere dazu inspirieren, KI als transformatives Instrument im Bildungswesen zu nutzen.

Die Ausbildung von Lehrkräften für die Zukunft im Umgang mit künstlicher Intelligenz ist ein entscheidender Faktor für eine erfolgreiche KI-Integration in die Ausbildung. Durch die Vermittlung von KI-Kompetenzen, praktischer Erfahrung mit KI-Systemen und Kenntnissen der KI-Ethik sind Lehrkräfte darauf vorbereitet, KI erfolgreich zur Verbesserung von Ausbildung und Lernen einzusetzen. Individuelle Weiterbildung, Möglichkeiten zur Zusammenarbeit und kontinuierliches Lernen unterstützen Lehrkräfte auf ihrem Weg zu begabten KI-Nutzern. Durch die Förderung einer Wachstumsmentalität und die Nutzung von KI als Innovationsinstrument können Lehrkräfte die Leistungsfähigkeit von KI nutzen, um attraktive, maßgeschneiderte und zukunftssichere Lernerfahrungen für Schüler zu schaffen. Da KI die Ausbildung weiter verändert, wird die Befähigung von Lehrkräften durch KI-Bildung eine entscheidende Rolle bei der Gestaltung der Zukunft von Ausbildung und Lernen für kommende Generationen spielen.

KAPITEL 8

Künstliche Intelligenz und Kunst

8.1 Der Einsatz künstlicher Intelligenz in der Kunst und ihre Beiträge zu kreativen Prozessen

8.1.1 Künstliche Intelligenz-generierte Kunst und kulturelle Identität

Künstliche Intelligenz (KI) hat neue Möglichkeiten in der Welt der Kunst eröffnet, darunter auch die Entstehung KI-generierter Kunstwerke. Diese computergenerierten kreativen Bemühungen haben Diskussionen über die Schnittstelle von KI, Kreativität und kultureller Identität ausgelöst.

KI-generierte Kunst nutzt Algorithmen und maschinelles Lernen, um visuelle oder akustische Kreationen zu schaffen. Einige KI-Systeme sind in der Lage, große Mengen bestehender Kunstwerke zu analysieren und anschließend basierend auf erkannten Stilen und Mustern neue Stücke zu generieren. Dies wirft Fragen nach der Natur der Kreativität auf und ob KI tatsächlich als genauso kreativ angesehen werden kann wie menschliche Künstler.

Kunst gilt seit langem als Ausdruck kultureller Identität. Künstler schöpfen oft aus ihrem kulturellen Hintergrund, ihren Erfahrungen und Erfahrungen und spiegeln ihre spezifische Identität in ihrer Kunst wider. Bei KI-generierter Kunst stellt sich die Frage: Können Maschinen kulturelle Identität auf die gleiche Weise erfassen und ausdrücken wie menschliche Künstler?

Eine Anwendung von KI in der Kunst besteht darin, den Stil berühmter Künstler aus verschiedenen Kulturen und Epochen zu reproduzieren. KI-Algorithmen können das Werk eines Künstlers analysieren und neue Werke schaffen, die seinen kreativen Stil nachahmen. Dies mag zwar aus technischer Sicht überwältigend sein, wirft aber Bedenken hinsichtlich Authentizität und Originalität auf.

KI-generierte Kunstwerke, die Konzepte aus bestimmten kulturellen Traditionen beziehen, können möglicherweise Probleme der kulturellen Aneignung verursachen. Da KI-Systeme bestehende Kunstwerke analysieren, besteht die Gefahr, dass kulturelle Elemente ohne umfassende Kenntnis ihrer Bedeutung und ihres Kontexts reproduziert werden. Dies kann zu Fehlinterpretationen oder unsensiblen Darstellungen führen.

KI-generierte Kunstwerke verwischen die Grenzen zwischen menschlicher und maschineller Kreativität. Manche argumentieren, KI-Kunst stelle eine neue Form des kreativen Ausdrucks dar, die sich von der menschlichen Kunst abhebt, während andere sie als Erweiterung der menschlichen Kreativität betrachten. Die Debatte über die Unterscheidung zwischen menschlicher und KI-Kunst ist in der Kunstwelt weiterhin ein Dauerthema.

Anstatt menschliche Künstler zu ersetzen, könnte KI als Werkzeug gesehen werden, mit dem Künstler ihren modernen Ansatz verschönern können. Manche Künstler arbeiten mit KI-

Systemen zusammen und nutzen sie als Assistenten oder Ideengeber. Dabei verbinden sie menschliche Vision und Ausdruckskraft mit den Fähigkeiten von KI-Algorithmen.

Da KI-Kunst immer alltäglicher wird, rücken moralische Überlegungen in den Vordergrund. Fragen der Urheberschaft, des Eigentums und des Urheberrechts sind im Zusammenhang mit KI- generierter Kunst komplex. Die Bestimmung der strafrechtlichen und moralischen Rahmenbedingungen für KI-Kunst bleibt eine Herausforderung.

KI-generierte Kunst bietet eine faszinierende Auseinandersetzung mit der Verbindung zwischen Technologie, Kreativität und kultureller Identität. Mit der fortschreitenden Weiterentwicklung der KI werden tiefgreifende Fragen zum Charakter von Kunstwerken, zur Stellung von Künstlern und zur Wahrung kultureller Identität in einer technologisch geprägten Welt aufgeworfen. KI hat zwar beachtliche Fähigkeiten bei der Reproduktion innovativer Trends bewiesen, regt aber auch wichtige Diskussionen über Authentizität, kulturelle Aneignung und die sich entwickelnde Kunstlandschaft an. Die Schnittstelle zwischen KI und kultureller Identität in der Kunst bleibt ein sich entwickelndes und fragwürdiges Thema, das kontinuierliche Aufmerksamkeit und Diskussion innerhalb der Kunstszene und der Gesellschaft insgesamt erfordert.

8.1.2 Die Zusammenarbeit zwischen Künstlern und künstlicher Intelligenz in der Zukunft

Die Zukunft bietet hervorragende Möglichkeiten für die Zusammenarbeit zwischen Künstlern und künstlicher Intelligenz (KI) und läutet eine neue Generation von Kreativität und Innovation in der Kunstwelt ein. Da sich KI-Technologien ständig weiterentwickeln, erforschen Künstler Strategien, um KI als wirksames Werkzeug und Medium für den künstlerischen Ausdruck zu nutzen.

In Zukunft wird KI Künstlern als innovativer Partner und nicht als Ersatz dienen. Künstler können KI-Algorithmen nutzen, um Ideen zu generieren, neue, einfallsreiche Muster zu entdecken und die Grenzen ihrer Kreativität zu erweitern. KI kann brillante Ansichten und Ideen liefern und so zu neuen Ideen anregen, auf die Künstler allein vielleicht nicht gekommen wären.

Die enormen Rechenkapazitäten der KI ermöglichen es Künstlern, neue kreative Möglichkeiten zu entdecken, die zuvor unmöglich waren. KI kann große Datenmengen verarbeiten, komplexe Visualisierungen erstellen und komplizierte Muster erzeugen und so Türen zu innovativer Kunstbürokratie und -dokumentation öffnen.

Die Zusammenarbeit zwischen Künstlern und KI könnte zur Entstehung hybrider Kunstformen führen, die menschliche Kreativität mit KI-gesteuerten Elementen verbinden. Diese neuen Kunstformen könnten auch traditionelle Kunsttechniken mit KI-generierten Inhalten kombinieren und so präzise und immersive innovative Studien ermöglichen.

Die Fähigkeit der KI, Informationen zu recherchieren und zu interpretieren, kann zu personalisierten und interaktiven künstlerischen Projekten führen. Künstler können KI-Algorithmen nutzen, um kreative Projekte auf der Grundlage von Charakteralternativen, Gefühlen oder Meinungen zu gestalten und den Besuchern so ein ansprechenderes und personalisierteres Kunsterlebnis zu bieten.

KI-gestützte künstlerische Kollaborationen können wichtige gesellschaftliche Herausforderungen angehen und sinnvolle Gespräche anstoßen. Künstler können KI nutzen, um komplexe Dateneinheiten zu Themen wie Klimawandel, sozialer Ungleichheit oder Gesundheitskrisen zu visualisieren und diese Themen für die Öffentlichkeit zugänglicher und ansprechender zu gestalten.

Die Zusammenarbeit mit KI wirft für Künstler ethische Fragen und konzeptionelle Erkundungen auf. Künstler können sich mit den Problemthemen der Auswirkungen von KI auf die Gesellschaft, der Verwischung der Grenzen zwischen menschlicher und systemischer Kreativität sowie der Wahrnehmung von Urheberschaft und Besitz in KI-generierten Kunstwerken befassen.

KI kann einen Beitrag zum Schutz künstlerischer Traditionen und der kulturellen Geschichte leisten. Durch die

Analyse und Reproduktion von Gemälden aus verschiedenen Kulturen und aus der Antike kann KI dazu beitragen, vielfältige künstlerische Praktiken für zukünftige Generationen zu bewahren und zu fördern.

Die Zusammenarbeit zwischen Künstlern und KI kann sich auch auf die Kunstausbildung erstrecken. KI kann eingesetzt werden, um individuelle Kunstlernbewertungen zu verbessern, Kommentare zu Schülerkunstwerken abzugeben und Instrumente für die Erforschung verschiedener kreativer Techniken und Stile bereitzustellen.

KI kann Kunst als Medium nutzen, um ihr eigenes Wissen und ihre Interpretationen der Welt zu kommunizieren. KI-generierte Kunst kann für KI-Systeme eine Möglichkeit sein, ihr Wissen, ihre Wahrnehmung und ihre emotionalen Reaktionen auszudrücken und so besondere Einblicke in die Funktionsweise von KI zu ermöglichen.

Die Zusammenarbeit zwischen Künstlern und künstlicher Intelligenz verspricht eine dynamische und transformative Zukunft für die Kunstwelt. Mit der Weiterentwicklung der KI-Technologie haben Künstler die Möglichkeit, neue innovative Möglichkeiten zu entdecken, hybride Kunstdokumente zu erstellen und sich mit dringenden gesellschaftlichen Herausforderungen auseinanderzusetzen. KI kann als kreativer Begleiter fungieren und Künstlern ermöglichen, die Grenzen ihrer Kreativität zu erweitern und personalisierte und interaktive Kunstberichte zu erstellen. Die ethischen und konzeptionellen Dimensionen der KI-Kunst-Kooperationen werden weiterhin wichtige Forschungsfelder bleiben, da Künstler Fragen der Urheberschaft, Authentizität und der sich entwickelnden Rolle von KI im Innovationsprozess bearbeiten. Die zukünftige Zusammenarbeit zwischen Künstlern und KI birgt spannende Möglichkeiten, Kunst, Produktion und menschliches Erleben neu zu gestalten.

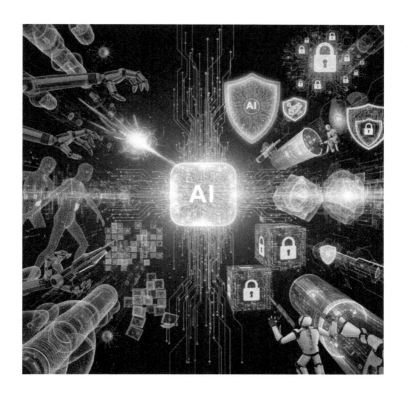

KAPITEL 9

Sicherheit und Datenschutz

9.1 Sicherheitsbedrohungen durch Künstliche Intelligenz und Abwehrmechanismen

9.1.1 Künstliche Intelligenz-gesteuerte Cyberangriffe und Gegenmaßnahmen

Die rasante Weiterentwicklung der künstlichen Intelligenz (KI) hat nicht nur zahlreiche Vorteile mit sich gebracht, sondern auch neue Herausforderungen im Bereich der Cybersicherheit mit sich gebracht. Da die KI-Technologie immer moderner wird, nutzen Cyber-Angreifer KI-gesteuerte Strategien für komplexere und gezieltere Cyberangriffe. Als Reaktion darauf entwickeln Cybersicherheitsexperten und -gruppen innovative Gegenmaßnahmen zum Schutz vor diesen neuen Bedrohungen.

KI-gestützte Malware und Phishing-Angriffe sind moderner und schwieriger zu erkennen. KI kann große Datenmengen analysieren, um überzeugende Phishing-E-Mails zu erstellen oder Malware zu installieren, die ihr Verhalten anpasst und so herkömmliche Schutzfunktionen umgeht.

KI ermöglicht es Cyber-Angreifern, APTs zu veröffentlichen, die über längere Zeiträume unentdeckt bleiben. KI-gesteuerte APTs können selbstständig die Schwachstellen eines Ziels überprüfen, geeignete Angriffsvektoren auswählen und böswillige Aktivitäten verbergen, wodurch sie äußerst kontinuierlich und schwer zu bekämpfen sind.

KI-Algorithmen können Brute-Force-Angriffe auf Passwörter und Verschlüsselungsschlüssel automatisieren. KI-gesteuerte Angriffe können Passwörter anhand von Stilen und gängigen Wörtern intelligent erraten und so möglicherweise sensible Daten kompromittieren.

KI-generierte Deepfake-Inhalte können für Desinformationskampagnen, die Verbreitung falscher Narrative oder die Manipulation der öffentlichen Meinung genutzt werden. Solche Angriffe haben weitreichende Auswirkungen auf das politische und soziale Gleichgewicht.

KI-gestützte Cyberangriffe können sich weit von herkömmlichen Erkennungsstrukturen entfernen, indem sie das Verhalten legitimer Personen nachahmen und so kaum von normalen Angriffen zu unterscheiden sind. Dadurch können Angreifer über längere Zeiträume unentdeckt bleiben.

Cybersicherheitsexperten nutzen KI, um ihre Fähigkeiten zur Bedrohungserkennung zu verbessern. KI-gesteuerte Anomalieerkennungssysteme können ungewöhnliche Muster und Verhaltensweisen erkennen, die auf Cyberangriffe hindeuten, und ermöglichen so schnelle Reaktionen.

Durch die Nutzung KI-gestützter Verhaltensbiometrie können Unternehmen Benutzerinteraktionen kontinuierlich überwachen, um sich über Anomalien und potenzielle Sicherheitsbedrohungen auf der Grundlage des individuellen Verhaltens bewusst zu werden.

KI-gestützte Endpunktschutzlösungen können neue Malware- und Ransomware-Angriffe in Echtzeit erkennen und blockieren und so Endpunkte und kritische Systeme schützen.

Um Deepfake-Angriffe zu bekämpfen, entwickeln Forscher KI-basierte Deepfake-Erkennungstools, die manipulierte Inhalte erkennen und von legitimen Medien unterscheiden können.

KI-gestützte Incident-Response-Ausrüstung kann die Bewertung und Eindämmung von Cyber-Bedrohungen automatisieren, wodurch Reaktionszeiten verkürzt und die Auswirkungen von Angriffen minimiert werden.

Der Austausch KI-gestützter Gefahreninformationen in Unternehmen und Branchen ergänzt die kollektive Fähigkeit, neu auftretende Cyberbedrohungen zu erkennen und wirksam darauf zu reagieren.

Durch die Kombination menschlicher Technologie mit KI-gesteuerter Ausrüstung können Sicherheitsexperten fundiertere Entscheidungen treffen und KI-gesteuerten Angreifern immer einen Schritt voraus sein.

Es ist wichtig, das Bewusstsein von Mitarbeitern und Endkunden für KI-gesteuerte Cyberbedrohungen zu schärfen. Schulungen zum Sicherheitsbewusstsein helfen Kunden, Phishing-Versuche und verschiedene Social-Engineering-Techniken zu erkennen.

Regelmäßige Sicherheitsprüfungen und Schwachstellentests helfen Unternehmen dabei, mögliche

Schwachstellen ihrer Infrastruktur zu erkennen und zu beheben, wodurch die Angriffsfläche für Cyberkriminelle verringert wird.

Der Anstieg KI-gesteuerter Cyberangriffe stellt Cybersicherheitsexperten und -organisationen weltweit vor erhebliche Herausforderungen. Der proaktive Einsatz KI-basierter Sicherheitsmechanismen und gemeinsame Anstrengungen können jedoch die Cyber-Resilienz stärken und die Auswirkungen dieser Bedrohungen abmildern. KI-gesteuerte Risikoerkennung, Verhaltensbiometrie und Deepfake-Erkennung sind nur einige der Gegenmaßnahmen, die die Leistungsfähigkeit von KI im Kampf gegen wachsende Cyberbedrohungen belegen. Da sich die Cyberlandschaft ständig weiterentwickelt, sind kontinuierliche Forschung, Entwicklung und Innovation entscheidend, um KI-gesteuerten Cyber-Angreifern einen Schritt voraus zu sein und eine konsistente digitale Umgebung für Menschen und Organisationen zu gewährleisten.

9.1.2 Die Rolle der künstlichen Intelligenz in Verteidigung und Sicherheit

Künstliche Intelligenz (KI) verändert die Verteidigungs- und Sicherheitslandschaft grundlegend und revolutioniert die Art und Weise, wie Streitkräfte und Sicherheitsunternehmen agieren und auf wachsende Bedrohungen reagieren. Die Integration der KI-Technologie verspricht eine verbesserte

Situationserkennung, optimierte Entscheidungsfindungsmethoden und verbesserte allgemeine Schutzfähigkeiten.

KI-gesteuerte Systeme können enorme Datenmengen aus verschiedenen Quellen, darunter Satellitenbilder, soziale Medien und Sensornetzwerke, analysieren, um potenzielle Bedrohungen zu erkennen und wichtige Informationen zu sammeln. Dies ermöglicht die Erkennung von Bedrohungen in Echtzeit und frühzeitige Warnfunktionen. So können Schutz- und Sicherheitskräfte proaktiv auf sicherheitsgefährdende Situationen reagieren.

KI spielt eine zentrale Rolle bei der Entwicklung selbsterhaltender Systeme und der Robotik. Sie ermöglicht unbemannten Autos, Drohnen und Robotern die Übernahme zahlreicher Aufgaben, darunter Aufklärung, Überwachung und Logistik. Autonome Systeme reduzieren die Risiken für menschliche Mitarbeiter und bieten attraktivere Projektfunktionen.

KI ist unerlässlich, um Cyberbedrohungen zu verhindern und wichtige Netzwerke und Infrastrukturen zu sichern. KI-gestützte Cybersicherheitsgeräte können Cyberangriffe schnell erkennen und darauf reagieren, Anomalien entdecken und die Abwehr gegen sich entwickelnde Bedrohungen wie Malware, Ransomware und fortgeschrittene permanente Bedrohungen (APTs) stärken.

KI-Algorithmen können Muster und Dispositionen in Fakten analysieren, um potenzielle terroristische Aktivitäten vorherzusehen oder Radikalisierungsmuster zu erkennen. Dies ermöglicht Sicherheitsteams, präventive Maßnahmen zu ergreifen und Terroranschläge zu vereiteln, bevor sie abgeschlossen werden können.

KI verbessert biometrische Identifizierungs- und Authentifizierungsmethoden wie Gesichtserkennung, Fingerabdruckscans und Spracherkennung. Diese Technologien ermöglichen einen besseren Zugang zu staatlichen Maßnahmen und tragen zu einem wirksameren Grenzschutz und einer besseren Strafverfolgung bei.

KI-gesteuerte prädiktive Schutzalgorithmen können Geräteausfälle vorhersehen und Schutzpläne optimieren, wodurch Ausfallzeiten reduziert und die Leistung von Schutzsystemen und -anlagen verbessert werden.

KI-gestützte Verarbeitung natürlicher Sprache (NLP) ermöglicht die automatische Auswertung großer Mengen an Textdaten, einschließlich Open-Source-Informationen, Nachrichtenartikeln und Berichten. Dies ermöglicht es Geheimdienstanalysten, wertvolle Erkenntnisse zu gewinnen und die Stimmung oder Glaubwürdigkeit von Statistiken zu untersuchen.

KI unterstützt Militär- und Sicherheitskräfte dabei, fundierte Entscheidungen zu treffen, indem sie datenbasierte Erkenntnisse und Situationssimulationen liefert.

Entscheidungshilfestrukturen verbessern das Situationsbewusstsein und ermöglichen effektive manuelle Reaktionen auf dynamische und komplexe Situationen.

KI-Technologien, darunter Computer Vision und Objekterkennung, unterstützen den Grenzschutz und die Überwachung. KI-gesteuerte Überwachungssysteme können Grenzen, Häfen und wichtige Infrastrukturen überwachen und so Kapazitätsbedrohungen und nicht genehmigte Aktivitäten erkennen.

KI spielt eine wichtige Rolle bei der Katastrophenhilfe und humanitären Hilfe, indem sie eine schnelle Schadensbewertung, Ressourcenzuweisung und Koordinierung der Hilfsmaßnahmen ermöglicht. KI-gesteuerte Drohnen und Roboter können eingesetzt werden, um schwer erreichbare Gebiete zu erreichen und zu identifizieren.

Die Rolle künstlicher Intelligenz in Sicherheit und Verteidigung ist transformativ und verleiht Streitkräften und Sicherheitsorganisationen überlegene Fähigkeiten, mit komplexen und sich entwickelnden Herausforderungen umzugehen. Von der Risikoerkennung und Geheimdienstanalyse bis hin zu Cybersicherheit, unabhängigen Systemen und prädiktiver Analytik steigert KI die Effizienz, Effektivität und Agilität von Sicherheitsoperationen. Da die KI- Entwicklung weiterhin mit den geltenden Vorschriften Schritt hält, sind kontinuierliche Forschung, Entwicklung und ethische Fragen von entscheidender Bedeutung, um sicherzustellen, dass KI verantwortungsvoll und im Einklang mit internationalen Normen und Menschenrechtsstandards eingesetzt wird. Das Potenzial von KI zu nutzen und gleichzeitig ihre Herausforderungen zu bewältigen, ist entscheidend, um das gesamte Potenzial künstlicher Intelligenz zum Vorteil globaler Verteidigungs- und Sicherheitsbemühungen zu nutzen.

9.2 Die Beziehung zwischen künstlicher Intelligenz und Cybersicherheit

9.2.1 Cybersicherheitstools mit künstlicher Intelligenz

In der sich ständig weiterentwickelnden Landschaft der Cybersicherheitsbedrohungen hat sich der Einsatz künstlicher Intelligenz (KI) als bahnbrechend erwiesen. KI-gestützte Cybersicherheitstools verändern die Art und Weise, wie Unternehmen Cyberangriffe erkennen, schützen und darauf reagieren. Diese intelligenten Lösungen nutzen KI-Algorithmen, um große Datenmengen zu analysieren, Muster zu erkennen und potenzielle Bedrohungen mit beispielloser Geschwindigkeit und Genauigkeit zu erkennen.

KI-gestützte Cybersicherheitsausrüstung zeichnet sich durch die Erkennung komplexer und bisher unbekannter Bedrohungen aus. Durch die kontinuierliche Überwachung des Netzwerkverkehrs, der Geräteprotokolle und des Benutzerverhaltens können diese Geräte anomale Muster erkennen, die auf böswillige Aktivitäten hindeuten könnten. Dieser proaktive Ansatz ermöglicht es Unternehmen, potenzielle Bedrohungen zu bewältigen, bevor sie großen Schaden anrichten können.

KI-gesteuerte Cybersicherheitstools nutzen Verhaltensanalysen, um Benutzerprofile zu erstellen und Abweichungen vom normalen Verhalten zu erkennen. Diese Geräte können unbefugte Zugriffsversuche, Insider-Bedrohungen und andere verdächtige Aktivitäten anhand von Abweichungen von festgelegten Benutzermustern erkennen.

KI-gestützte Cybersicherheitstools bieten Echtzeit-Reaktionsmöglichkeiten auf Vorfälle. Wird ein Risiko erkannt, kann KI automatisierte Reaktionen auslösen, darunter das Blockieren verdächtiger IP-Adressen, die Trennung kompromittierter Geräte oder die Quarantäne von mit Malware infizierten Dateien.

KI-Algorithmen sind hervorragend geeignet, neue und sich entwickelnde Arten von Malware sowie polymorphe und Zero-Day-Bedrohungen zu erkennen. Diese Tools können Malware anhand von Verhaltenstrends erkennen und deren Ausführung verhindern – sogar bevor herkömmliche signaturbasierte Antivirenlösungen ihre Datenbanken aktualisieren können.

KI-gesteuerte Cybersicherheitstools verbessern die Abwehr von Phishing-Angriffen und Social-Engineering-Techniken. KI kann E-Mail-Inhalte und das Verhalten des

Absenders analysieren, um Phishing-Versuche zu erkennen und so zu verhindern, dass Mitarbeiter Opfer betrügerischer Machenschaften werden.

KI-gestützte Sicherheitsanalysen können potenzielle Cyberbedrohungen basierend auf historischen Statistiken und aktuellen Trends vorhersehen. Dieser prädiktive Ansatz ermöglicht es Unternehmen, Ressourcen effizienter zu verteilen, Sicherheitsfunktionen zu priorisieren und proaktiv auf neue Bedrohungen zu reagieren.

KI-kompatible Cybersicherheitstools können ungewöhnliche Netzwerkaktivitäten wie Port-Scanning, Datenexfiltration oder Distributed-Denial-of-Service-Angriffe (DDoS) erkennen. Durch die Echtzeitüberwachung des Netzwerkverkehrs kann KI Anomalien erkennen und Sicherheitswarnungen auslösen.

KI-Algorithmen können den Endpunktschutz verbessern, indem sie das Geräteverhalten analysieren und Anzeichen von Kompromittierung oder unbefugtem Zugriff erkennen. Diese Art der Endpunktüberwachung gewährleistet einen besseren Schutz vor Malware und unbefugtem Eindringen.

KI-gesteuerte Cybersicherheitsausrüstung kann autonom auf Sicherheitsvorfälle geringer Schwere reagieren und Sicherheitsbehörden von Routineaufgaben entlasten. Dies ermöglicht es menschlichen Fachkräften, sich auf komplexere und strategischere Cybersicherheitssituationen zu konzentrieren.

KI-fähigere Cybersicherheitssysteme prüfen kontinuierlich neue Daten und passen ihre Modelle an, um neuen Bedrohungen immer einen Schritt voraus zu sein. Dieses selbstlernende Fähigkeitswissen ermöglicht es der KI, ihre Erkennungs- und Reaktionsfähigkeiten im Laufe der Zeit anzupassen und zu verbessern.

KI-gerechtere Cybersicherheitsausrüstung hat die Art und Weise revolutioniert, wie Unternehmen ihre digitalen Vermögenswerte und sensiblen Daten schützen. Die Integration von KI-Algorithmen ermöglicht eine verbesserte Risikoerkennung, Echtzeit- Reaktion auf Vorfälle und prädiktive Sicherheitsanalysen und ermöglicht es Unternehmen, sich proaktiv gegen Cyberbedrohungen zu schützen. Da Cyberangriffe immer komplexer werden, spielen KI-gesteuerte Lösungen eine entscheidende Rolle, um mit der sich ständig verändernden Risikolandschaft Schritt zu halten. Durch die Nutzung der Leistungsfähigkeit von KI können Unternehmen ihre Cybersicherheitslage stärken, ihre Verteidigungsfähigkeiten verbessern und Cyber-Gegnern einen Schritt voraus sein. Obwohl KI im Bereich der Cybersicherheit enorme Potenziale bietet, ist es entscheidend, sie verantwortungsvoll und ethisch einzusetzen und dabei auch auf die Behebung von Vorurteilen und Datenschutzproblemen zu achten. Ein ausgewogener Ansatz zur KI-Integration, kombiniert mit dem Wissen professioneller Cybersicherheitsexperten, kann der Schlüssel zur Schaffung einer widerstandsfähigen und starken digitalen Umgebung angesichts sich entwickelnder Cyberbedrohungen sein.

9.2.2 Datensicherheit und Verschlüsselung mit Künstlicher Intelligenz

Datenschutz ist im digitalen Zeitalter für Unternehmen und Privatpersonen gleichermaßen eine zentrale Aufgabe. Angesichts der stetig wachsenden Datenmenge und der zunehmenden Komplexität von Cyberbedrohungen spielt künstliche Intelligenz (KI) beim Schutz und der Verschlüsselung sensibler Daten eine entscheidende Rolle. KI-gestützte Lösungen bieten innovative Möglichkeiten zur Verbesserung der Datensicherheit, zur Verbesserung von Verschlüsselungsstrategien und zur Bewältigung wachsender Sicherheitsherausforderungen.

KI spielt eine entscheidende Rolle bei der Identifizierung und Eindämmung von Sicherheitsrisiken für Speicherdaten. KI-gestützte Lösungen zur Risikoerkennung untersuchen kontinuierlich Netzwerkverkehr, Kundenverhalten und Geräteprotokolle, um Muster zu erkennen, die auf Cyberangriffe oder Datenlecks hindeuten. Diese Echtzeitüberwachung ermöglicht eine schnelle Reaktion auf Sicherheitsvorfälle.

KI-Algorithmen können Anomalien im Datenzugriff, im Zugriffsmuster und im Benutzerverhalten erkennen und so dazu beitragen, unbefugte Zugriffsversuche und Insider-Bedrohungen zu erkennen. Durch die Analyse des Basisverhaltens können KI-gestützte Systeme ungewöhnliche Aktivitäten schnell erkennen und Sicherheitsbehörden auf potenzielle Sicherheitsrisiken aufmerksam machen.

KI-gestützte Datensicherheitsanalysen nutzen Geräteerkennung, um Sicherheitsverletzungen oder Schwachstellen auf Grundlage historischer Statistiken und neuer Trends vorherzusagen. Diese prädiktiven Erkenntnisse ermöglichen proaktive Maßnahmen zur Verbesserung der Datensicherheit und zur Abwehr potenzieller Bedrohungen.

KI kann die Kontrolle von Verschlüsselungsschlüsseln verbessern und die stabile Technologie, Verteilung und Rotation von Verschlüsselungsschlüsseln sicherstellen. KI-gesteuerte Systeme können Schlüsselkontrollaufgaben automatisieren, menschliche Fehler reduzieren und den Gesamtschutz verschlüsselter Datensätze verbessern.

Die KI-Generation trägt zur Entwicklung robuster Verschlüsselungsalgorithmen bei, wodurch es für Angreifer immer schwieriger wird, verschlüsselte Daten zu knacken. KI kann moderne Verschlüsselungstechniken analysieren, Schwachstellen erkennen und Verbesserungen für eine höhere Datensicherheit empfehlen.

Da Quantencomputing eine Funktionsbedrohung für herkömmliche Verschlüsselungsstrategien darstellt, kann KI zur Erweiterung quantenresistenter Verschlüsselungsstrategien eingesetzt werden. KI kann bei der Erforschung etablierter Quantenkryptografielösungen helfen, die auch angesichts der Fortschritte im Quantencomputing konsistent bleiben.

KI kann den regelmäßigen Zugriff auf und die gemeinsame Nutzung von Daten durch mehrstufige Authentifizierung und Zugriffskontrollen erleichtern. KI-gesteuerte Systeme können Datenzugriffsmuster aufdecken und Zugriffsrechte basierend auf dem Benutzerverhalten und Sicherheitsrichtlinien dynamisch anpassen.

KI-gestützte DLP-Lösungen helfen, Datenlecks und unbefugte Datentransfers zu verhindern. Durch die Analyse von Datennutzungsmustern und -inhalten kann KI Versuche zur Exfiltration sensibler Daten erkennen und blockieren. Dadurch wird das Risiko von Datenlecks verringert.

KI kann den Endpunktschutz stärken, indem sie Bedrohungen auf Geräteebene erkennt und eindämmt. KI-gestützte Endpunktschutzlösungen überwachen das Geräteverhalten und erkennen Anzeichen einer Kompromittierung. So bieten sie zusätzlichen Schutz vor Cyberbedrohungen.

KI trägt zur Verbesserung des Cloud-Schutzes bei, indem sie Schwachstellen in Cloud-Umgebungen erkennt und behebt. KI-gesteuerte Cloud-Sicherheitslösungen überprüfen kontinuierlich Cloud-Konfigurationen und -Aktivitäten, um sicherzustellen, dass in der Cloud gespeicherte Daten geschützt bleiben.

Künstliche Intelligenz revolutioniert den Datenschutz und die Verschlüsselungspraktiken und ermöglicht es Unternehmen, ihre sensiblen Daten vor sich ständig weiterentwickelnden Cyberbedrohungen zu schützen. Von KI-gestützter Gefahrenerkennung und prädiktiver Analytik bis hin zu fortschrittlichen Verschlüsselungsalgorithmen und quantenresistenter Kryptografie – KI leistet einen tiefgreifenden Beitrag zur Datensicherheit. Die Integration von KI in Datensicherheitsfunktionen erhöht die Effektivität von Verschlüsselungsstrategien, stärkt die Datenzugriffskontrolle und ermöglicht es Organisationen, schnell auf Sicherheitsvorfälle zu reagieren. Da KI jedoch weiter wächst, ist es entscheidend, kompetenzethische Fragen zu lösen und eine verantwortungsvolle Implementierung von KI in den Datenschutzpraktiken sicherzustellen. Indem sie das Potenzial von KI nutzen und es mit dem Wissen von Cybersicherheitsexperten kombinieren, können Organisationen ein robustes und widerstandsfähiges Datensicherheitssystem aufbauen und so ihre wertvollen Daten in einer zunehmend vernetzten und digitalisierten Welt schützen.

KAPITEL 10

Die Zukunft der künstlichen Intelligenz

10.1 Potenziale und zu erwartende Entwicklungen der Künstlichen Intelligenz in der Zukunft

10.1.1 Prognosen zur Zukunft der Künstlichen Intelligenz

Da sich die künstliche Intelligenz (KI) weiterhin rasant weiterentwickelt, birgt die Zukunft spannende Möglichkeiten und Fähigkeitsänderungen in verschiedenen Branchen und Bereichen des menschlichen Lebens. Obwohl es schwierig ist, den idealen Verlauf der KI-Verbesserung vorherzusagen, haben Experten und Forscher zahlreiche Tendenzen und Vorhersagen diagnostiziert, die die Zukunft der künstlichen Intelligenz prägen könnten.

Forscher zielen auf die Entwicklung allgemeiner KI ab, auch bekannt als Künstliche Allgemeine Intelligenz (AGI). Damit sind KI-Systeme gemeint, die über menschenähnliche Intelligenz und Fähigkeiten verfügen. AGI könnte in der Lage sein, eine Vielzahl von Aufgaben auf menschlichem Niveau zu erkennen, zu analysieren und auszuführen, was einen enormen Meilenstein in der KI-Entwicklung darstellt.

KI-gestützte Automatisierung dürfte zahlreiche Branchen revolutionieren und zu höherer Produktivität und Effizienz führen. Von der Produktion und Logistik bis hin zum Gesundheitswesen und Finanzwesen wird KI-gestützte

Automatisierung wahrscheinlich die Art und Weise verändern, wie wir arbeiten und Geschäfte machen.

Fortschritte im NLP werden zu komplexeren Sprachkenntnissen und einem besseren verbalen Austausch zwischen Menschen und KI-Systemen führen. Diese Entwicklung wird die Entwicklung fortschrittlicherer digitaler Assistenten, Chatbots und Sprachübersetzungstools vorantreiben.

Mit der zunehmenden Verbreitung von KI wird der Fokus auf eine ethische KI-Entwicklung zunehmen. Bemühungen um Fairness, Transparenz und Verantwortlichkeit bei KI-Algorithmen und Entscheidungsfindungssystemen werden von größter Bedeutung, um potenziellen Vorurteilen und sozialen Auswirkungen entgegenzuwirken.

Es wird erwartet, dass KI eine große Rolle bei der Revolutionierung des Gesundheitswesens und der Medizin spielen wird. KI-gesteuerte medizinische Diagnostik, Arzneimittelforschung, personalisierte Behandlungspläne und die Fernverfolgung von Patienten sind einige der Bereiche, die in Zukunft vielversprechend sind.

Es wird erwartet, dass KI-generierte Kunst, Musik und Literatur immer beliebter werden und die Grenzen zwischen menschlicher und KI-Kreativität verschwimmen. KI kann darüber hinaus auch zu kollaborativen Kunstprojekten beitragen, bei denen menschliche Künstler gemeinsam mit KI-Systemen einzigartige Meisterwerke schaffen.

KI wird wahrscheinlich eine wichtige Rolle bei personalisierten und adaptiven Analysebewertungen spielen, die Ausbildung an die Wünsche einzelner Universitätsstudenten anpassen und Muster erkennen. KI-gesteuerte Nachhilfesysteme und intelligente Lehrgeräte werden immer beliebter.

Fortschritte in der KI-Technologie werden die Entwicklung und Einführung autonomer Fahrzeuge beschleunigen und die Transportbranche neu gestalten. Es wird erwartet, dass selbstfahrende Autos und Transporter auf den Straßen immer häufiger zum Einsatz kommen und Mobilität und Logistik revolutionieren werden.

KI wird zunehmend eingesetzt, um menschliche Kompetenzen zu stärken und es Menschen zu ermöglichen, Aufgaben effizienter und effektiver zu erfüllen. Die Zusammenarbeit zwischen Mensch und KI wird in Bereichen wie Medizin, Ingenieurwesen und Medizin immer üblicher.

Die Entwicklung des Quantencomputings könnte zudem zu Durchbrüchen in der KI führen, neue Fähigkeiten freisetzen und komplexe Probleme in großem Maßstab lösen. Es wird erwartet, dass Quanten-KI tiefgreifende Auswirkungen auf zahlreiche KI-Programme haben wird.

KI wird wahrscheinlich eine entscheidende Rolle bei der Bewältigung der besorgniserregenden Bedingungen des Klimawandels spielen. KI-gesteuerte Lösungen können den Stromverbrauch optimieren, extreme Wetterereignisse vorhersehen und zur Gestaltung nachhaltigerer Städte und Infrastrukturen beitragen.

KI-Technologie wird Weltraumerkundungsmissionen unterstützen und autarke Raumfahrzeuge, intelligente Rover und eine fortschrittliche Datenanalyse für wissenschaftliche Entdeckungen jenseits der Erde ermöglichen.

Die Zukunft der künstlichen Intelligenz ist vielversprechend, mit Verbesserungen in der künstlichen Intelligenz, zunehmender Automatisierung und Durchbrüchen in der natürlichen Sprachverarbeitung. Ethische Fragen und eine verantwortungsvolle KI-Entwicklung bleiben weiterhin wichtig, da KI zunehmend in unseren Alltag integriert wird. Das Potenzial von KI, das Gesundheitswesen, das Bildungswesen, den Verkehr und verschiedene andere Branchen zu revolutionieren, bietet spannende Entwicklungsmöglichkeiten und einen starken gesellschaftlichen Einfluss. Da sich die KI-Ära weiter entwickelt, können gemeinsame Anstrengungen von Forschern, Politikern und Unternehmensleitern entscheidend dazu beitragen, die Zukunft der KI so zu gestalten, dass sie der Menschheit zugutekommt und gleichzeitig potenzielle Herausforderungen bewältigt.

10.1.2 Grenzen und mögliche Richtungen der Künstlichen Intelligenz

Künstliche Intelligenz (KI) hat in den letzten Jahren enorme Fortschritte gemacht, doch es gibt immer noch einfache Hürden, die ihre Spitzenfähigkeiten beeinträchtigen. Mit Blick auf die Zukunft zeichnen sich zahlreiche praktikable Richtlinien für die KI-Verbesserung ab.

Derzeit beschränkt sich KI im Wesentlichen auf die sogenannte „Narrow AI", also auf KI-Systeme, die für spezielle Aufgaben wie Bilderkennung oder natürliche Sprachverarbeitung entwickelt wurden. Allgemeine KI hingegen kann über menschenähnliche Intelligenz und Flexibilität verfügen, doch dies zu erreichen, bleibt eine gewaltige Aufgabe.

Die Entwicklung von KI verstärkt ethische Bedenken, insbesondere hinsichtlich der Voreingenommenheit von Algorithmen, Datenschutzproblemen und den Auswirkungen auf die Beschäftigung. Um diese Probleme zu bewältigen, ist es wichtig, sicherzustellen, dass KI weiterentwickelt und verantwortungsvoll und ethisch eingesetzt wird.

Während KI wunderbare Kunstwerke, Musik und Literatur hervorbringen kann, bleibt die Frage, ob sie tatsächlich Kreativität und emotionale Kompetenz auf menschlichem Niveau erreichen kann, eine offene Frage.

Der KI mangelt es an Anerkennung und Selbsterkenntnis. Die Frage, ob KI in der Lage ist, die tatsächliche Konzentration oder das Wissen über ihr eigenes Leben zu steigern, bleibt eine philosophische Debatte.

KI wird sich weiterhin in engen Bereichen durchsetzen, insbesondere in Bereichen wie der Verarbeitung natürlicher Sprache, der Computervision und der Robotik. Diese Trends könnten auch tiefgreifende Auswirkungen auf zahlreiche Branchen haben, darunter das Gesundheitswesen, das Finanzwesen und die Produktion.

Der Trend zur ethischen KI-Entwicklung wird sich verstärken, und zwar durch die Bemühungen, Vorurteile zu bekämpfen, Transparenz zu fördern und Empfehlungen für einen verantwortungsvollen Einsatz von KI auszuarbeiten.

KI wird zunehmend mit Menschen als Kooperationspartner zusammenarbeiten und menschliche Kompetenzen in verschiedenen Bereichen erweitern. Diese Partnerschaft wird zu einer effizienteren und effektiveren Problemlösung führen.

Die Nachfrage nach KI-Systemen, die ihre Entscheidungen mit Argumenten unterstützen, steigt, insbesondere in wichtigen Bereichen wie dem Gesundheits- und Finanzwesen. Forscher arbeiten an der Entwicklung von KI-Modellen, die logische Schlussfolgerungen für ihre Ergebnisse liefern.

Die Verbindung von KI und Quantencomputing kann auch neue Möglichkeiten zur Lösung komplexer Probleme und zur Optimierung von KI-Algorithmen eröffnen.

Forscher werden weiterhin an der Entwicklung künstlicher allgemeiner Intelligenz (AGI) arbeiten, deren Ziel die Entwicklung von KI-Systemen mit menschenähnlichen kognitiven Fähigkeiten ist. Die Umsetzung von AGI bleibt jedoch unsicher und stellt eine große Aufgabe für die Zukunft dar.

KI wird bei der Weltraumerkundung wahrscheinlich eine immer wichtigere Rolle spielen und bei der autonomen Navigation von Raumfahrzeugen, der Datenanalyse und der Entscheidungsfindung in weit entfernten und schwierigen Umgebungen helfen.

KI kann zur Bewältigung anspruchsvoller Herausforderungen im Klimawandel eingesetzt werden, beispielsweise zur Optimierung des Energieverbrauchs, zur Vorhersage von Wettermustern und zur Unterstützung bei der Klimamodellierung.

Obwohl die KI enorme Fortschritte gemacht hat, ist es wichtig, die Grenzen zu verstehen, die ihre Fähigkeiten derzeit prägen. Die eingeschränkte KI dominiert den Sektor, und die Verwirklichung allgemeiner KI und echter menschlicher Intelligenz bleibt ferne Träume. Ethische Fragen werden die KI-Entwicklung leiten, um einen verantwortungsvollen und nutzbringenden Einsatz zu gewährleisten. Rückblickend wird sich die KI in engen Bereichen weiter verbessern, und die Zusammenarbeit zwischen Mensch und KI wird alltäglicher. Forscher werden neue Grenzen entdecken, darunter Quanten-

KI und AGI, und die Fähigkeiten der KI in der Raumforschung und bei der Lösung von Klimaveränderungen können zum Wohle der Menschheit genutzt werden. Auf dem Weg in die Zukunft der KI kann die richtige Balance zwischen technologischem Fortschritt und ethischen Fragen entscheidend sein, um den Einfluss der KI auf die Gesellschaft außergewöhnlich und transformativ zu gestalten.

10.2 Herausforderungen im Verhältnis zwischen Mensch und Künstlicher Intelligenz

10.2.1 Die Rolle der Ethik und ihre Bedeutung in der Zukunft

Ethik spielt eine zentrale Rolle bei der Gestaltung der Zukunft der Technologie, insbesondere in Bereichen wie der künstlichen Intelligenz (KI). Da sich KI ständig weiterentwickelt und zunehmend in verschiedene Bereiche unseres Lebens integriert, sind die ethischen Fragen rund um ihre Entwicklung, ihren Einsatz und ihre Nutzung wichtiger denn je. Die Rolle der Ethik in der Zukunft der KI ist vielfältig und umfasst sowohl die verantwortungsvolle Entwicklung der KI-Technologie als auch ihre Auswirkungen auf die Gesellschaft.

Ethikpublikationen fördern die Verbesserung der KI-Technologie im Einklang mit menschlichen Werten und unter Wahrung der Persönlichkeitsrechte. Ethische KI-Verbesserung umfasst die Beseitigung von Verzerrungen in KI-Algorithmen, die Gewährleistung transparenter Entscheidungsstrategien und die Förderung von Gerechtigkeit und Verantwortung in KI-Systemen.

Ethische Bedenken erfordern, dass KI-Programme so konzipiert sind, dass sie Schaden für Mensch und Gesellschaft vermeiden. Die Gewährleistung des Schutzes und der Sicherheit von KI-Systemen ist von entscheidender Bedeutung, insbesondere in wichtigen Bereichen wie dem Gesundheitswesen, autonomen Fahrzeugen und der Cybersicherheit.

KI basiert oft auf großen Datenmengen, was Bedenken hinsichtlich Datenschutz und Datensicherheit aufwirft. Ethische KI-Frameworks priorisieren den Schutz privater Daten und befürworten reibungslose Zustimmungsmechanismen für die Datennutzung.

KI-Algorithmen können unbeabsichtigt Vorurteile in den ihnen zugrunde liegenden Daten verewigen und so zu unfairen Ergebnissen führen. Ethische KI-Entwicklung beinhaltet die aktive Eindämmung von Vorurteilen und die Gewährleistung fairer Präferenzfindung durch KI, insbesondere in Bereichen wie Personalbeschaffung, Kreditvergabe und Strafjustiz.

Ethische KI-Systeme sind transparent und begründen ihre Entscheidungen. Nutzer sollten nachvollziehen können, wie KI zu einer bestimmten Schlussfolgerung gelangt ist, insbesondere in kritischen Kontexten wie der

Gesundheitsanalyse oder der Genehmigung von Hypothekendarlehen.

Die Ethik betont die Bedeutung der Zusammenarbeit zwischen Mensch und KI. Dabei dient KI als Instrument, menschliche Fähigkeiten zu verbessern, anstatt sie zu ersetzen. Ethische KI-Entwicklung zielt darauf ab, Menschen zu stärken und Entscheidungsprozesse zu verbessern, anstatt die menschliche Autonomie einzuschränken.

Ethical AI berücksichtigt die gesellschaftlichen Auswirkungen von KI-Technologien und setzt sich für eine inklusive Entwicklung ein. Es berücksichtigt die zahlreichen Träume verschiedener Gruppen und strebt die Schaffung von KI-Strukturen an, die allen Teilen der Gesellschaft zugutekommen.

Ethik erfordert eine solide Steuerung und Regulierung der KI-Generation, um einen verantwortungsvollen und verantwortungsvollen Einsatz zu gewährleisten. Politiker und Interessengruppen müssen gemeinsam an der Schaffung von Rahmenbedingungen arbeiten, die Innovation und ethische Fragen in Einklang bringen.

Die ethische KI-Entwicklung ist ein iterativer Prozess, der kontinuierliche Evaluierung und Entwicklung beinhaltet. Mit der Weiterentwicklung der KI-Technologie müssen ethische Aspekte angepasst werden, um neuen Herausforderungen und Fähigkeitsrisiken gerecht zu werden.

Ethische KI fördert die Akzeptanz bei Kunden und Stakeholdern. Wenn KI-Systeme unter Berücksichtigung moralischer Standards entwickelt werden, ist die Wahrscheinlichkeit höher, dass Menschen diese Technologien akzeptieren und übernehmen.

Ethische Probleme helfen dabei, unbeabsichtigte Folgen des KI-Einsatzes zu erkennen und zu bewältigen und so mögliche negative Auswirkungen auf Einzelpersonen und die Gesellschaft zu mildern.

Durch die Priorisierung ethischer Grundsätze kann die Verbesserung der KI nachhaltiger und verantwortungsvoller gestaltet werden. Zudem wird sichergestellt, dass KI-Upgrades im Einklang mit gesellschaftlichen Werten und Träumen stehen.

Die ethische Entwicklung von KI schützt grundlegende Menschenrechte wie Privatsphäre, Würde und Autonomie und fördert einen menschenzentrierten Ansatz für die Technologie.

Eine ethische KI-Entwicklung trägt zur langfristigen Zukunftsfähigkeit der KI-Technologie bei. Durch die direkte Auseinandersetzung mit ethischen Herausforderungen kann KI langfristig eine große Herausforderung für die Menschheit darstellen.

Ethik spielt eine entscheidende Rolle bei der Gestaltung der Zukunft der künstlichen Intelligenz. Verantwortungsvolle KI-Entwicklung, Sicherheit, Datenschutz, Gerechtigkeit und Transparenz sind wichtige Aspekte, um sicherzustellen, dass

KI-Technologie der Gesellschaft nützt und gleichzeitig potenzielle Schäden minimiert. Die Betonung ethischer Prinzipien in der KI- Entwicklung ist nicht nur ein ethisches Gebot, sondern auch eine strategische Entscheidung, um Vertrauen aufzubauen, die Akzeptanz zu fördern und KI-Strukturen zu schaffen, die sich tatsächlich auf den Einzelnen und die Gesellschaft auswirken. Da sich KI-Technologien weiterhin anpassen, kann das Bekenntnis zu ethischen Prinzipien entscheidend dazu beitragen, die Rolle der KI bei der Gestaltung einer besseren, inklusiveren und nachhaltigeren Zukunft für alle zu lenken.

10.2.2 Steuern und Verantwortung übernehmen mit Künstlicher Intelligenz

Da sich künstliche Intelligenz (KI) weiterentwickelt und in verschiedene Bereiche unseres Lebens integriert, ist es entscheidend, bei ihrer Entwicklung und ihrem Einsatz Kontrolle auszuüben und verantwortungsvoll zu handeln. Die Leistungsfähigkeit und das Potenzial von KI bringen sowohl Vorteile als auch Unannehmlichkeiten mit sich. Daher ist eine verantwortungsvolle KI-Entwicklung unerlässlich, um ihre herausragenden Auswirkungen auf die Gesellschaft sicherzustellen.

Die Schaffung ethischer KI-Rahmenbedingungen ist von größter Bedeutung, um die Entwicklung und Nutzung von KI-Technologien zu fördern. Diese Rahmenbedingungen müssen

Standards in Bezug auf Gerechtigkeit, Transparenz, Verantwortung, Datenschutz und die Minimierung von Voreingenommenheit beinhalten, um sicherzustellen, dass KI im Einklang mit menschlichen Werten arbeitet und die Rechte des Einzelnen respektiert.

KI-Systeme müssen so konzipiert sein, dass sie transparente Entscheidungsverfahren ermöglichen. Nutzer und Stakeholder müssen verstehen, wie KI zu ihren Schlussfolgerungen gelangt, um ihre Ergebnisse nicht zu vergessen und zu erfassen. Erklärbare KI-Methoden helfen dabei, klare Gründe für KI-Entscheidungen zu liefern.

Die Aufrechterhaltung der menschlichen Aufsicht und Steuerung von KI-Systemen ist entscheidend, um unbeabsichtigte Ergebnisse und Fähigkeitsverzerrungen zu vermeiden. Während KI Verpflichtungen automatisieren kann, müssen Menschen im Bilde bleiben, um Effekte zu validieren, Kontexte zu interpretieren und im kritischen Fall einzugreifen.

Regierungen und politische Entscheidungsträger spielen eine entscheidende Rolle bei der Schaffung robuster regulatorischer und rechtlicher Rahmenbedingungen für KI. Diese Rahmenbedingungen müssen sich mit Themen wie Datenschutz, algorithmischer Verantwortung, Sicherheitsanforderungen und der Verantwortung für einen verantwortungsvollen Einsatz von KI auseinandersetzen.

KI-Algorithmen müssen einer strengen Prüfung und Validierung unterzogen werden, um Voreingenommenheiten zu erkennen und zu mildern. Voreingenommenheit in KI-Strukturen kann Ungleichheiten und Diskriminierung in der heutigen Zeit verewigen. Daher sind Bemühungen zur Bekämpfung dieser Voreingenommenheiten wichtig, um Gerechtigkeit und Inklusivität zu gewährleisten.

Bei der Kontrolle von KI stehen Sicherheit und Schutz an erster Stelle. KI-Systeme müssen so konzipiert sein, dass sie potenzielle Schwachstellen erkennen und minimieren sowie vor Angriffen schützen.

KI-Technologie muss für eine kontinuierliche Überwachung und Auswertung unerlässlich sein. Regelmäßige Audits und Tests helfen dabei, Kapazitätsrisiken und Herausforderungen zu erkennen und notwendige Upgrades und Updates zu berücksichtigen.

Interessenvertreter aus verschiedenen Bereichen, darunter Wissenschaft, Industrie, Regierungen und Zivilgesellschaft, sollten zusammenarbeiten, um eine verantwortungsvolle Entwicklung und Nutzung von KI zu ermöglichen. Solche Partnerschaften stellen sicher, dass eine Vielzahl von Ansichten und Informationen berücksichtigt werden.

Die Aufklärung von Entwicklern, Nutzern und politischen Entscheidungsträgern über verantwortungsvolle KI-Praktiken ist unerlässlich. Die Sensibilisierung für ethische KI-Konzepte und deren Anwendung trägt dazu bei, ein gemeinsames Verständnis der Potenziale und Hindernisse von KI zu schaffen.

Verantwortungsvoller Umgang mit KI bedeutet, ihre breiteren gesellschaftlichen Auswirkungen zu berücksichtigen. Die Beteiligten müssen die Auswirkungen des KI-Einsatzes auf Menschen, Behörden und zahlreiche Branchen untersuchen und sicherstellen, dass KI der Gesellschaft als Ganzes zugutekommt.

KI sollte inklusiv entwickelt werden und unterschiedliche Ansichten und Wünsche berücksichtigen. Die Berücksichtigung verschiedener Branchen und Bevölkerungsgruppen ermöglicht es, Vorurteile zu überwinden und KI-Systeme zu schaffen, die allen Kunden gerecht werden.

KI-Technologien müssen verantwortungsvoll eingesetzt werden, unter Berücksichtigung der potenziellen Risiken und Vorteile. Ein sorgfältiger Ansatz ist entscheidend, insbesondere in Bereichen mit hohem Risiko wie dem Gesundheitswesen, dem Finanzwesen und der wichtigen Infrastruktur.

Kontrolle und verantwortungsvoller Umgang mit künstlicher Intelligenz sind entscheidend, um ihr Potenzial optimal zu nutzen. Ethische KI-Rahmenbedingungen, Transparenz, menschliche Aufsicht und regulatorische Vorgaben sind wesentliche Faktoren für die Zukunft der KI. Da sich die KI-Generation kontinuierlich weiterentwickelt, sind gemeinsame Anstrengungen der Beteiligten, gepaart mit fortlaufender Forschung und ethischen Bedenken, entscheidend, um den positiven Einfluss von KI auf die Gesellschaft sicherzustellen und gleichzeitig technologische Risiken und Herausforderungen zu minimieren. Verantwortungsvolle KI-Entwicklung und -Einsatz ebnen den Weg für eine Zukunft, in der KI-Technologie harmonisch mit Menschen zusammenarbeitet, unsere Fähigkeiten erweitert und unser Leben verantwortungsvoll und nachhaltig verbessert.

10.3 Mit Künstlicher Intelligenz die Zukunft gestalten

10.3.1 Die gesellschaftlichen, wirtschaftlichen und kulturellen Transformationen durch den Einsatz künstlicher Intelligenz

Künstliche Intelligenz (KI) hat sich zu einer transformativen Kraft entwickelt, die tiefgreifende Veränderungen in zahlreichen Bereichen der Gesellschaft, der Wirtschaft und des Lebensstils mit sich bringt. Mit dem weiteren Voranschreiten der KI-Ära wird ihr Einfluss auf diese Bereiche immer deutlicher und prägt die Welt, in der wir leben.

KI verändert den Prozessmarkt durch die Automatisierung wiederkehrender Aufgaben und die Erweiterung menschlicher Fähigkeiten. Sie schafft zwar neue Geschäftsmöglichkeiten in KI -bezogenen Bereichen, verstärkt aber auch die Sorge vor Arbeitsplatzverlagerung und den Bedarf an Weiterbildung und Umschulung der Mitarbeiter.

KI revolutioniert das Gesundheitswesen durch fortschrittliche Diagnostik, individuelle Behandlungspläne und die Entwicklung neuer Medikamente. KI-gesteuerte klinische Geräte und Systeme zur Fernüberwachung betroffener Personen verbessern die Behandlungsergebnisse und den Zugang zu einer hervorragenden Gesundheitsversorgung.

KI verändert die Bildung durch personalisierte Lernberichte, adaptives Tutoring und intelligente Lehrmittel. Sie ermöglicht es Pädagogen, den Unterricht auf die Bedürfnisse einzelner Schüler zuzuschneiden und so bessere Lernergebnisse zu erzielen.

KI wird eingesetzt, um soziale Dienste wie die Verteilung von Sozialleistungen, die Ressourcenzuweisung und die Katastrophenhilfe zu verbessern. KI-gestützte Analysen unterstützen Regierungen und Organisationen dabei, datenbasierte Entscheidungen für einen effizienteren Leistungstransport zu treffen.

KI bringt ethische Herausforderungen mit sich, darunter algorithmische Verzerrungen, Datenschutzprobleme und die Frage der Transparenz bei der Entscheidungsfindung. Die Auseinandersetzung mit diesen ethischen Problemen ist wichtig, um einen verantwortungsvollen Einsatz der KI-Technologie zum Wohle aller zu gewährleisten.

KI-gesteuerte Automatisierung ergänzt die Unternehmensleistung durch Optimierungsstrategien, senkt die Betriebskosten und steigert die Produktivität. Unternehmen können KI für die Statistikauswertung, den Kundenservice und die Lieferkettensteuerung nutzen.

KI fördert Innovationen, indem sie die Entwicklung neuer Produkte und Dienstleistungen ermöglicht. Darüber hinaus erschließt sie neue Märkte, fördert das Wirtschaftswachstum und schafft Chancen für Startups und Technologieunternehmen.

KI-bedingte Disruptionen können sich auf traditionelle Industrien auswirken, vor allem durch den Niedergang großer Investitionssektoren und den Aufstieg neuer Branchen. Um Kapazitätsstörungen zu begegnen, sind wirtschaftliche Modell- und Politikmaßnahmen erforderlich.

KI ermöglicht eine statistikbasierte Präferenzfindung in Unternehmen und ermöglicht so genauere Prognosen, Marktbewertungen und strategische Planungen.

KI verändert die Medien- und Unterhaltungsbranche, indem sie personalisierte Inhaltsmaterialhinweise verwendet, KI-generierte Kunstwerke entwickelt und digitale Faktenanalysen verbessert.

KI-gestützte Sprachübersetzungstools überwinden Sprachbarrieren, fördern die globale Kommunikation und unterstützen den kulturellen Austausch.

durch virtuelle Archivierung, Wiederherstellung antiker Artefakte und Bemühungen zur Erhaltung der Kultur einen Beitrag zum Schutz des kulturellen Erbes.

Durch KI generierte Inhalte und Deepfake-Technologie verstärken moralische Bedenken hinsichtlich der Authentizität und Vertrauenswürdigkeit von Informationen und erfordern eine kritische Medienkompetenz und Inhaltsüberprüfung.

Künstliche Intelligenz ist die treibende Kraft hinter gesellschaftlichen, wirtschaftlichen und kulturellen Veränderungen. Ihre Auswirkungen reichen von der Revolutionierung des Gesundheitswesens und der Bildung über die Verbesserung der Geschäftsleistung bis hin zur Förderung von Innovationen. Neben ihren Vorteilen bringt KI jedoch auch Herausforderungen mit sich, die ethische Bedenken und durchdachte politische Maßnahmen erfordern. Bei der Gestaltung der Zukunft von KI sind verantwortungsvolle Entwicklung, Zusammenarbeit und Inklusivität entscheidend, um ihr Potenzial für einen positiven gesellschaftlichen Wandel zu nutzen und gleichzeitig Potenzialrisiken zu mindern. Die Nutzung von KI-Technologien mit einem menschenzentrierten Ansatz ebnet den Weg für eine Zukunft, in der Technologie und Menschlichkeit harmonisch koexistieren und transformative Verbesserungen in allen Lebensbereichen bewirken.

10.3.2 Vorstellung der Beziehung zwischen Mensch und künstlicher Intelligenz in der Zukunft

Die zukünftige Beziehung zwischen Mensch und künstlicher Intelligenz (KI) hat tiefgreifende Auswirkungen auf

Gesellschaft, Lebensstil und das Wesen des Menschseins. Da sich die KI-Technologie ständig weiterentwickelt, ist die Vorstellung dieser Beziehung sowohl spannend als auch schwierig.

Eine mögliche Zukunft ist die Zusammenarbeit zwischen Menschen und KI-Systemen. KI könnte als leistungsstarkes Werkzeug fungieren, das die menschlichen Fähigkeiten erweitert, uns ermöglicht, komplexe Probleme zu lösen, fundiertere Entscheidungen zu treffen und die Grenzen der Innovation zu erweitern. KI-gesteuerte Technologien sollten in Bereichen wie Gesundheitswesen, Forschung und Kreativität nahtlos mit Menschen zusammenarbeiten, menschliche Fähigkeiten erweitern und außergewöhnliche Entwicklungen ermöglichen.

KI soll die menschlichen Fähigkeiten durch Mind-Computer-Schnittstellen und neuronale Implantate verbessern. Diese Integration könnte es Menschen ermöglichen, auf umfangreiches Know-how zuzugreifen, direkt zu kommunizieren oder sogar physische Geräte mit dem Verstand zu steuern. Solche Fortschritte könnten auch unser Verständnis von Intelligenz und Interesse neu definieren.

In einer schwierigen Situation müssen sich KI-Systeme weiterentwickeln, um ethische Anerkennung zu erlangen und zu verantwortungsvollen Akteuren der Moral zu werden. Diese KI-Einheiten können aktiv an ethischen Entscheidungen beteiligt sein und das menschliche Wohl und das Gemeinrecht in den Vordergrund stellen. Solche KI-Wesen können bei der Lösung komplexer moralischer Dilemmata helfen und ein harmonisches Zusammenleben mit der Menschheit fördern.

Die Zukunftsvision erfordert auch die Berücksichtigung potenzieller Risiken. Mit dem Fortschritt der KI-Technologie wird es immer wichtiger, angemessene Schutzmaßnahmen gegen existenzielle Risiken zu gewährleisten. Ethische Aspekte, KI-Governance und Regulierung müssen vorhanden sein, um böswillige Nutzung oder unbeabsichtigte Folgen insbesondere komplexer KI-Systeme zu verhindern.

Die zukünftige Verflechtung von Mensch und KI könnte zudem soziale und wirtschaftliche Ungleichheiten verschärfen. Wer Zugang zu fortschrittlichen KI-Technologien hat, könnte große Vorteile genießen, während andere möglicherweise außen vor bleiben. Dies könnte zu gesellschaftlichen Belastungen führen, die proaktive Lösungen erfordern.

Da KI Aufgaben übernimmt, die früher von Menschen erledigt wurden, stellen sich möglicherweise Fragen zum menschlichen Erleben und Handeln. Die Menschheit muss möglicherweise ihre Identität neu definieren und Bedeutungen jenseits traditioneller Rollen finden, da bestimmte Aufgaben zunehmend automatisiert werden. Die Bewältigung dieses existenziellen Wandels ist möglicherweise für die Menschheit und die Gesellschaft als Ganzes von entscheidender Bedeutung.

In einem visionären Szenario kann KI als Mitgestalter von Kunst, Generation und Lebensstil betrachtet werden. Die Zusammenarbeit von Mensch und KI bei innovativen Unternehmungen, wissenschaftlicher Forschung und technologischen Verbesserungen kann zusätzlich zu Durchbrüchen und neuen Formen der Kreativität führen, die über die menschliche Vorstellungskraft hinausgehen.

Mit der zunehmenden Modernität der KI-Systeme könnten auch Diskussionen über KI-Rechte entstehen. Manche plädieren vielleicht sogar dafür, KI-Einheiten rechtliche und moralische Rechte zu gewähren, um ihre Interessen zu schützen und eine gerechte Behandlung zu gewährleisten.

Die Zukunft zwischen Mensch und künstlicher Intelligenz ist ein komplexes und sich entwickelndes Panorama. Sie bietet enormes Potenzial für menschliche Entwicklung, Problemlösung und innovative Forschung. Sie bringt jedoch auch ethische, soziale und philosophische Herausforderungen mit sich, die sorgfältige Überlegungen und verantwortungsvolle Weiterentwicklung erfordern. Ein Gleichgewicht zwischen KI-Upgrades und menschlichen Werten ist entscheidend für die Gestaltung einer Zukunft, in der KI die Menschheit bereichert und stärkt und eine symbiotische Beziehung fördert, die sowohl KI-Systemen als auch der Menschheit zugutekommt. Offener Dialog, interdisziplinäre Zusammenarbeit und ethische Grundsätze sind auf diesem Weg unerlässlich, um dieses spannende, aber unsichere Grenzgebiet der Mensch-KI-Interaktion zu meistern.

KAPITEL 11

Abschluss

11.1 Die Beziehung zwischen künstlicher Intelligenz und der Menschheit: Chancen und Herausforderungen

In diesem E-Book haben wir die komplexe und sich entwickelnde Beziehung zwischen künstlicher Intelligenz (KI) und Menschlichkeit untersucht und die Möglichkeiten und Herausforderungen erörtert, die sich daraus ergeben. Die schnelle Entwicklung der KI-Technologie hat verschiedene Aspekte unseres Lebens erheblich beeinflusst und sowohl vielversprechende Aussichten als auch dringende Probleme mit sich gebracht.

KI bietet ungeahnte Möglichkeiten zur menschlichen Weiterentwicklung. Von der Revolutionierung des Gesundheitswesens durch personalisierte Behandlungen bis hin zur Optimierung industrieller Geschäftsabläufe durch Automatisierung – das Potenzial von KI, menschliche Fähigkeiten zu verbessern, ist enorm. Die Nutzung KI-getriebener Verbesserungen kann zu umweltfreundlicheren und effektiveren Lösungen in verschiedenen Bereichen führen.

Eine Zusammenarbeit zwischen Mensch und KI kann transformativ sein. Indem wir KI als Instrument betrachten, das menschliche Fähigkeiten stärkt, anstatt sie zu verändern, können wir die Rechenleistung von KI nutzen, um komplexe Probleme zu lösen und fundierte Entscheidungen zu treffen. Mensch-KI-Partnerschaften sind äußerst vielversprechend, wenn es darum geht, Innovationen zu fördern und Entwicklung zu nutzen.

Um ihr Potenzial verantwortungsvoll nutzen zu können, ist die Gewährleistung einer ethischen KI-Entwicklung und -Governance von größter Bedeutung. Die Auseinandersetzung mit Voreingenommenheit, Transparenz und Verantwortung sind wichtige Schritte, um das Vertrauen zwischen KI-Systemen und der Gesellschaft zu stärken. Ethische Richtlinien und regulatorische Rahmenbedingungen müssen geschaffen werden, um die Menschenrechte zu schützen und den Missbrauch von KI-Technologie zu verhindern.

Um die Zukunft von KI und Menschheit zu gestalten, ist ein menschenzentrierter Ansatz entscheidend. KI-Technologie muss unter Berücksichtigung menschlicher Werte, Bedürfnisse und des Wohlbefindens entwickelt werden. Ein Gleichgewicht zwischen KI-Entwicklungen und dem Wohl der Menschheit ist entscheidend für die Gestaltung einer Zukunft, die allen zugutekommt.

KI bietet zwar transformative Möglichkeiten, birgt aber auch Herausforderungen und Risiken. Veränderungen im Technologiemarkt, algorithmische Verzerrungen und Bedenken hinsichtlich des Kapazitätsschutzes erfordern proaktive Lösungen. Indem wir diese besorgniserregenden Bedingungen erkennen, können wir ihre Auswirkungen abmildern und eine faire und inklusive Zukunft sicherstellen.

Angesichts der multidimensionalen Auswirkungen von KI ist interdisziplinäre Zusammenarbeit unerlässlich. Politiker, Forscher, Unternehmensleiter und die Zivilgesellschaft müssen zusammenarbeiten, um die Komplexität der KI-Zukunft gemeinsam zu meistern. Zusammenarbeit fördert unterschiedliche Perspektiven, zeitgemäße Lösungen und verantwortungsvolle Entscheidungen.

Mit der Weiterentwicklung der KI-Technologie müssen sich Einzelpersonen und Gesellschaften auf lebenslanges Lernen und Anpassung einstellen. Bildungs- und Weiterbildungsprogramme spielen eine zentrale Rolle bei der Vorbereitung der Mitarbeiter auf eine KI-zentrierte Zukunft. Die Vermittlung neuer Kompetenzen und Kenntnisse stärkt die Widerstandsfähigkeit gegenüber KI-bedingten Veränderungen.

Die Gestaltung des zukünftigen Zusammenlebens von KI und Menschheit ist eine gemeinsame Aufgabe. Alle Beteiligten müssen sich aktiv an der Entwicklung, dem Einsatz und der Regulierung von KI-Technologie beteiligen. Die Betonung gemeinsamer Werte, ethischer Grundsätze und langfristiger Ziele trägt zu einem harmonischeren und gerechteren Zusammenleben bei.

Die Beziehung zwischen künstlicher Intelligenz und Menschlichkeit ist vielschichtig und bietet enorme Chancen, aber auch Herausforderungen. Indem wir eine ethische KI-Entwicklung fördern, Mensch-KI-Partnerschaften fördern und

Gefahren proaktiv begegnen, können wir eine Zukunft gestalten, in der die KI-Entwicklung die Menschheit stärkt und einen großen gesellschaftlichen Einfluss hat. Gemeinsame Anstrengungen im Hinblick auf eine verantwortungsvolle KI-Implementierung und einen menschenzentrierten Ansatz ebnen den Weg für eine Zukunft, in der KI die menschliche Erfahrung ergänzt und eine neue Technologie der Innovation und Entwicklung einleitet. Während wir uns auf dieses transformative Abenteuer begeben, ist unsere gemeinsame Entschlossenheit, die Rolle der KI in der Gesellschaft zu gestalten, entscheidend, um das volle Potenzial der KI auszuschöpfen und gleichzeitig die Werte und Ideen zu wahren, die uns als Menschen ausmachen.

11.2 Aufbau einer gesunden und ausgewogenen Beziehung zur zukünftigen künstlichen Intelligenz

Mit Blick auf die Zukunft der künstlichen Intelligenz (KI) ist es wichtig, eine gesunde und ausgewogene Beziehung zu dieser transformativen Generation aufzubauen. KI hat das Potenzial, Branchen zu revolutionieren, das Leben der Menschen zu verbessern und bemerkenswerte Fortschritte zu ermöglichen. Die Nutzung dieser Vorteile und die gleichzeitige Minimierung möglicher Risiken erfordern jedoch einen durchdachten und verantwortungsvollen Ansatz.

Ethische KI-Entwicklung sollte der Eckpfeiler unseres Ansatzes sein. Transparenz, Fairness und Verantwortung bei der Gestaltung und Implementierung von KI-Strukturen sind entscheidend. Robuste ethische Rahmenbedingungen müssen die KI-Verbesserung unterstützen, um sicherzustellen, dass die Technologie mit menschlichen Werten übereinstimmt und die Persönlichkeitsrechte respektiert.

Die Beibehaltung eines menschenzentrierten Ansatzes ist entscheidend für die Entwicklung einer KI-Generation, die den zufriedenstellenden Hobbys der Menschheit dient. KI sollte als Werkzeug zur Erweiterung menschlicher Fähigkeiten betrachtet werden, das es uns ermöglicht, komplexe Herausforderungen zu bewältigen und neue Grenzen der Statistik und Kreativität zu erschließen.

Die Förderung der Zusammenarbeit und Partnerschaft zwischen Menschen und KI-Strukturen wird zu tiefgreifenderen Innovationen und Verbesserungen führen. Anstatt KI als Risiko für die menschliche Beschäftigung zu betrachten, müssen wir ihre Fähigkeit berücksichtigen, menschliche Fähigkeiten und Informationen zu ergänzen.

Die Förderung eines Lebensstils des lebenslangen Lernens und der Flexibilität ist entscheidend, um Menschen auf die KI-getriebene Zukunft vorzubereiten. Investitionen in Schulungs- und Weiterbildungsprogramme werden die Mitarbeiter befähigen, in einer KI-zentrierten Welt erfolgreich zu sein.

Die Etablierung einer verantwortungsvollen KI-Governance ist unerlässlich, um einen stetigen und effektiven Einsatz der Technologie zu gewährleisten. Politiker, Branchenführer und Forscher sollten zusammenarbeiten, um umfassende Richtlinien zu entwickeln, die ethische Fragen ansprechen und Menschen vor Funktionseinbußen schützen.

Vielfalt und Inklusivität sind Schlüsselvoraussetzungen für die Verbesserung der KI. Unterschiedliche Perspektiven und Berichte können zu faireren KI-Algorithmen und -Lösungen führen, die den Wünschen aller Unternehmen gerecht werden.

Es ist entscheidend, das richtige Gleichgewicht zwischen Automatisierung und menschlicher Manipulation zu finden. KI muss die menschliche Präferenzbildung verbessern, der Mensch muss jedoch die Fähigkeit behalten, einzugreifen und wichtige Entscheidungen zu treffen, insbesondere in Situationen, in denen viel auf dem Spiel steht.

Es ist wichtig, proaktiv störende Situationen im Zusammenhang mit KI zu erkennen und anzugehen. Dazu können auch Projektverschiebungen, Datenschutz und gesellschaftliche Auswirkungen gehören. Indem wir diese besorgniserregenden Situationen anerkennen, können wir geeignete Maßnahmen ergreifen, um ihre Folgen zu mildern.

KI-Technologien müssen kontinuierlich bewertet und weiterentwickelt werden. Kontinuierliche Forschung und Überwachung von KI-Systemen trägt dazu bei,

Kompetenzvorurteile und Schwachstellen zu erkennen und sicherzustellen, dass KI ein nützliches Instrument bleibt.

Die Förderung der öffentlichen Aufmerksamkeit und des Engagements für KI-Technologie wird zu mehr Wissen und Popularität führen. Die Aufklärung der Öffentlichkeit über die Möglichkeiten und Hürden von KI wird die Akzeptanz stärken und eine verantwortungsvolle Einführung fördern.

Eine gesunde und ausgewogene Zusammenarbeit mit zukünftiger künstlicher Intelligenz erfordert Zusammenarbeit, ethische Überlegungen und einen menschenzentrierten Fokus. Die Nutzung der Möglichkeiten von KI bei gleichzeitiger Bewältigung ihrer Herausforderungen ist eine gemeinsame Aufgabe, die die Zusammenarbeit von Politik, Forschung, Unternehmensführung und der Gesellschaft als Ganzes erfordert. Indem wir die Entwicklung von KI proaktiv gestalten, können wir ihre Kraft nutzen, um einen positiven Austausch voranzutreiben, das Leben der Menschen zu verbessern und eine Zukunft zu gestalten, die allen zugutekommt. Ein Engagement für verantwortungsvolle KI-Entwicklung, ethische Governance und lebenslanges Lernen wird es uns ermöglichen, den Weg früher zu beschreiten und ein harmonisches und erfolgreiches Zusammenleben mit zukünftiger KI-Technologie zu ermöglichen.